Andrea Reichert / Carmen Vogt

Deutsch kompakt

1. Jahrgangsstufe
Bd. III

umweltfreundlich
auf chlorfreiem Papier

© pb-Verlag • 82243 München • 2016

ISBN 978-3-89291-**984**-**1**

1./2. JAHRGANGSSTUFE

REICHERT/VOGT

DEUTSCH KOMPAKT
1. JAHRGANGSSTUFE BAND I

120 SEITEN, DIN A4
STUNDENBILDER
MIT KOPIERVORLAGEN

BEST.NR.: 290   21,90 €

REICHERT/VOGT

DEUTSCH KOMPAKT
1. JAHRGANGSSTUFE BAND II

154 SEITEN, DIN A4
STUNDENBILDER
MIT KOPIERVORLAGEN

BEST.NR.: 291   23,90 €

REICHERT/VOGT

DEUTSCH KOMPAKT
1. JAHRGANGSSTUFE BAND III

140 SEITEN, DIN A4
STUNDENBILDER
MIT KOPIERVORLAGEN

BEST.NR.: 984   22,90 €

REICHERT/VOGT

DEUTSCH KOMPAKT
2. JAHRGANGSSTUFE BAND I

148 SEITEN, DIN A4
STUNDENBILDER
MIT KOPIERVORLAGEN

BEST.NR.: 292   23,90 €

REICHERT/VOGT

DEUTSCH KOMPAKT
2. JAHRGANGSSTUFE BAND II

158 SEITEN, DIN A4
STUNDENBILDER
MIT KOPIERVORLAGEN

BEST.NR.: 293   23,90 €

REICHERT/VOGT

DEUTSCH KOMPAKT
2. JAHRGANGSSTUFE BAND III

118 SEITEN, DIN A4
STUNDENBILDER
MIT KOPIERVORLAGEN

BEST.NR.: 985   21,90 €

www.pb-verlag.de

3./4. JAHRGANGSSTUFE

KARL-HANS GRÜNAUER

DEUTSCH KOMPAKT
3. JAHRGANGSSTUFE BAND I
TEXTE VERFASSEN

122 SEITEN, DIN A4
KOPIERVORLAGEN

BEST.NR.: 294   21,90 €

GERD STUCKERT

DEUTSCH KOMPAKT
3. JAHRGANGSSTUFE BAND II
RICHTIG SCHREIBEN

122 SEITEN, DIN A4
KOPIERVORLAGEN

BEST.NR.: 295   21,90 €

KARL-HANS GRÜNAUER

DEUTSCH KOMPAKT
3. JAHRGANGSSTUFE BAND III
LESEN/LITERATUR

108 SEITEN, DIN A4
KOPIERVORLAGEN

BEST.NR.: 296   20,90 €

ANKE KRISAM

DEUTSCH KOMPAKT
3. JAHRGANGSSTUFE BD.IV
SPRACHE UNTERSUCHEN

116 SEITEN, DIN A4
ARBEITSBLÄTTER,KARTEIKARTEN,
PROBEBAUSTEINE

BEST.NR.: 459   21,90 €

KARL-HANS GRÜNAUER

DEUTSCH KOMPAKT
4. JAHRGANGSSTUFE BAND I
TEXTE VERFASSEN

123 SEITEN, DIN A4
KOPIERVORLAGEN

BEST.NR.: 971   21,90 €

KARL-HANS GRÜNAUER

DEUTSCH KOMPAKT
4. JAHRGANGSSTUFE BAND III
LESEN/LITERATUR

128 SEITEN, DIN A4
KOPIERVORLAGEN

BEST.NR.: 973   21,90 €

ANKE KRISAM

DEUTSCH KOMPAKT
4. JAHRGANGSSTUFE BD.IV
SPRACHE UNTERSUCHEN

119 SEITEN, DIN A4
ARBEITSBLÄTTER,KARTEIKARTEN,
PROBEBAUSTEINE

BEST.NR.: 460   21,90 €

M. KELNBERGER

FIT FÜR D. ÜBERTRITT
BILDUNGSSTANDARDS
DEUTSCH

90 SEITEN, DIN A4
KOPIERVORLAGEN

BEST.NR.: 371   19,90 €

Inhaltsverzeichnis

Literaturverzeichnis/Quellenangaben:
A. Lindgren: „Pippi Langstrumpf" © Oetinger Verlag, Hamburg 1987

Mein Ferienkoffer

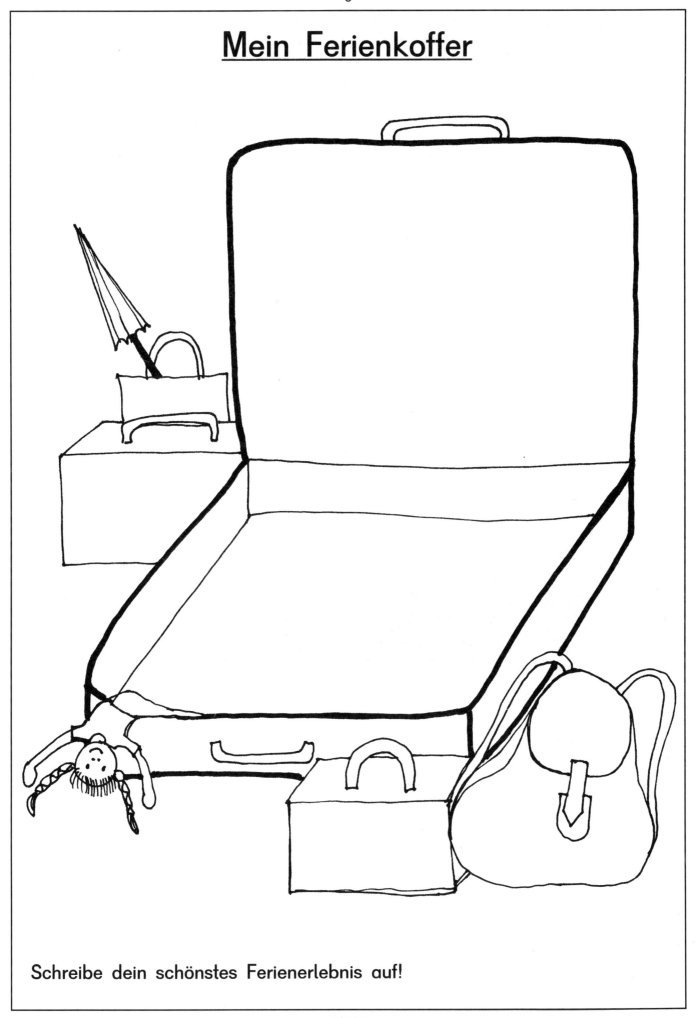

Schreibe dein schönstes Ferienerlebnis auf!

Herbst

Den Herbst kann man sehen, hören, fühlen und riechen.
Schreibe deine Erlebnisse auf!

Erzähle!

Mein Wunschzettel

Lieber Weihnachtsmann,

Schreibe dem Weihnachtsmann einen Brief mit deinen Wünschen!

© pb-Verlag Puchheim Deutsch 1. Jahrgangsstufe, Band III

Mein schönstes Weihnachtserlebnis

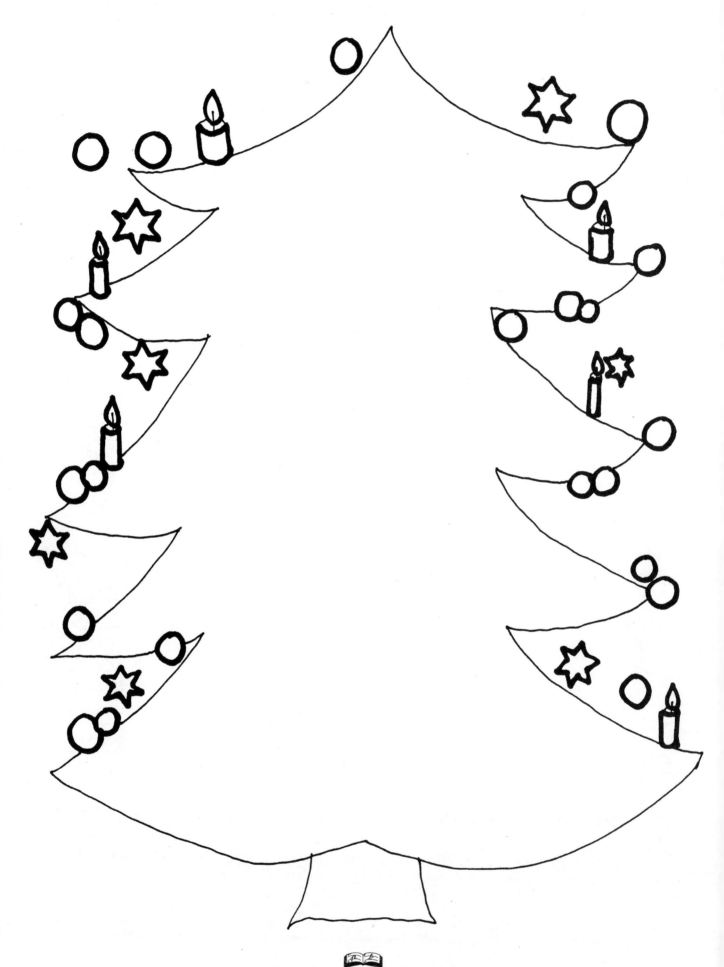

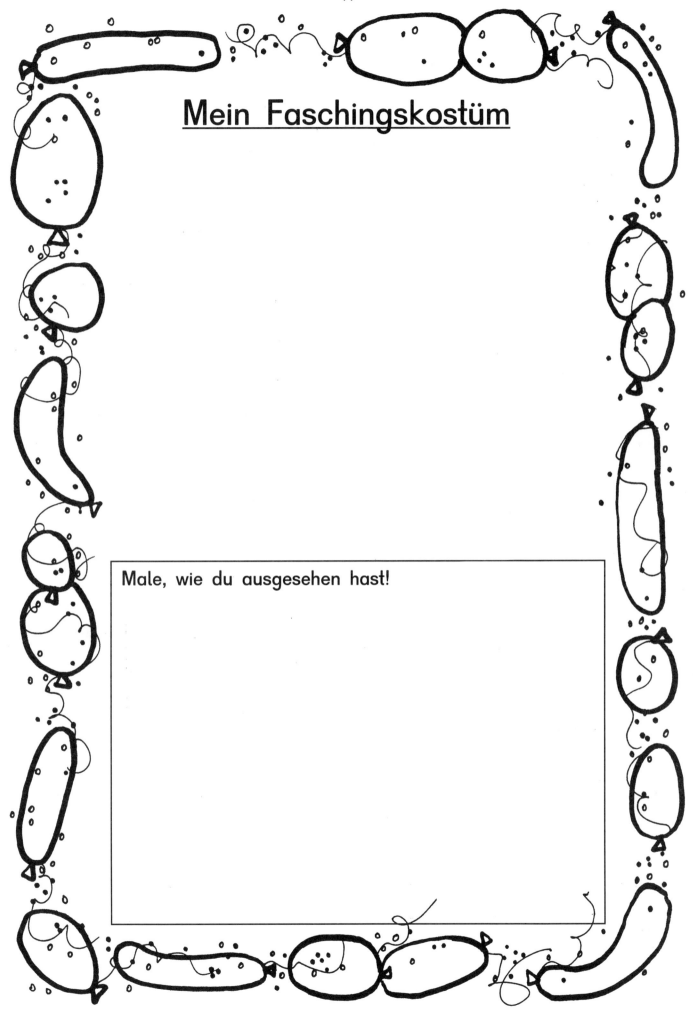

Mein Faschingskostüm

Male, wie du ausgesehen hast!

Name:

B

b

B b

B b

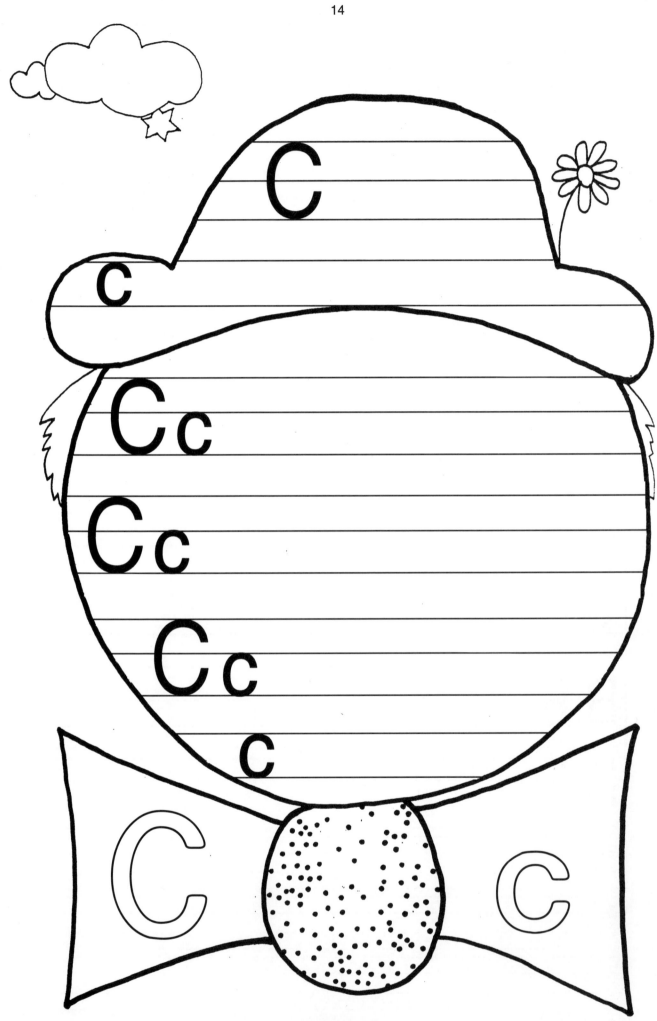

Name:

C

c

C c

C c

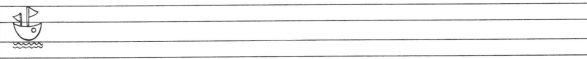

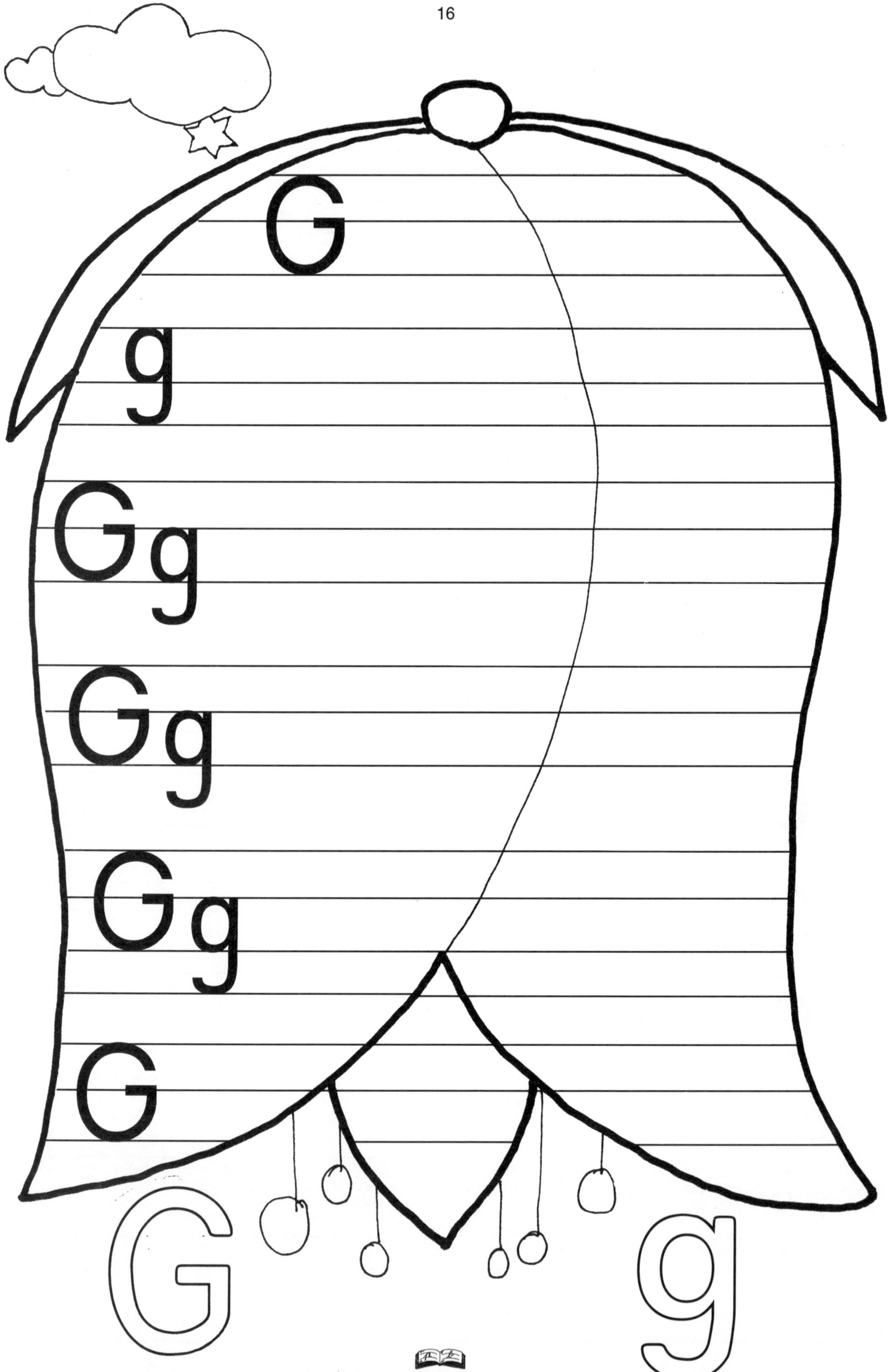

G

g

Gg

Gg

Gg

G

G g

Name:

G

g

G g

G g

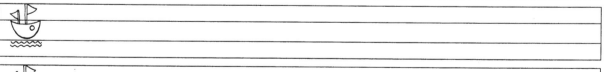

18

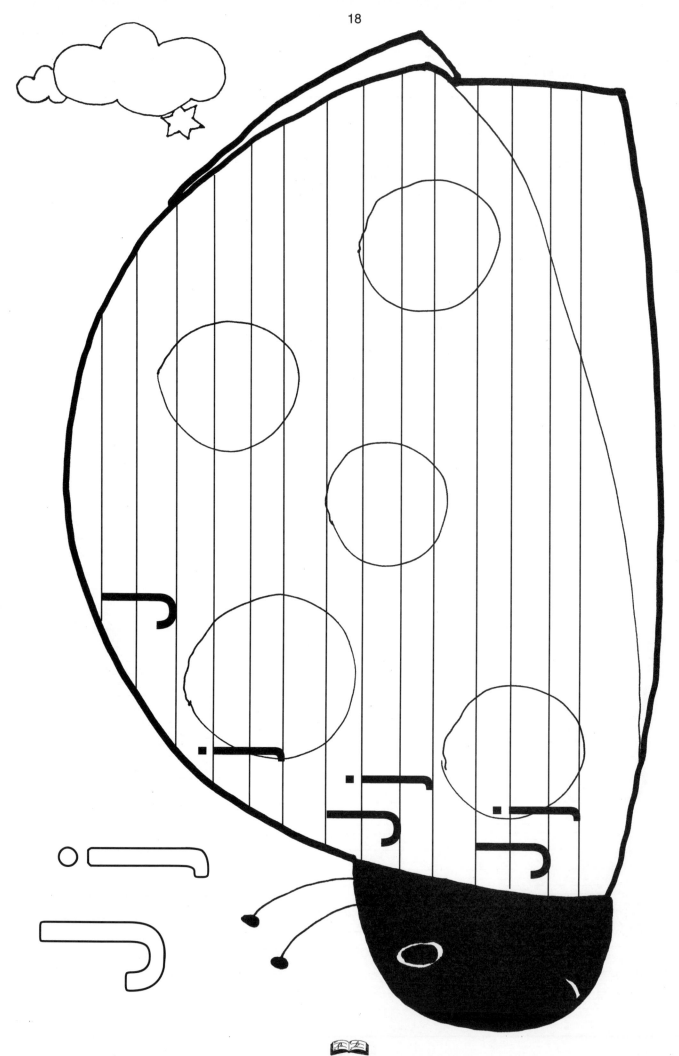

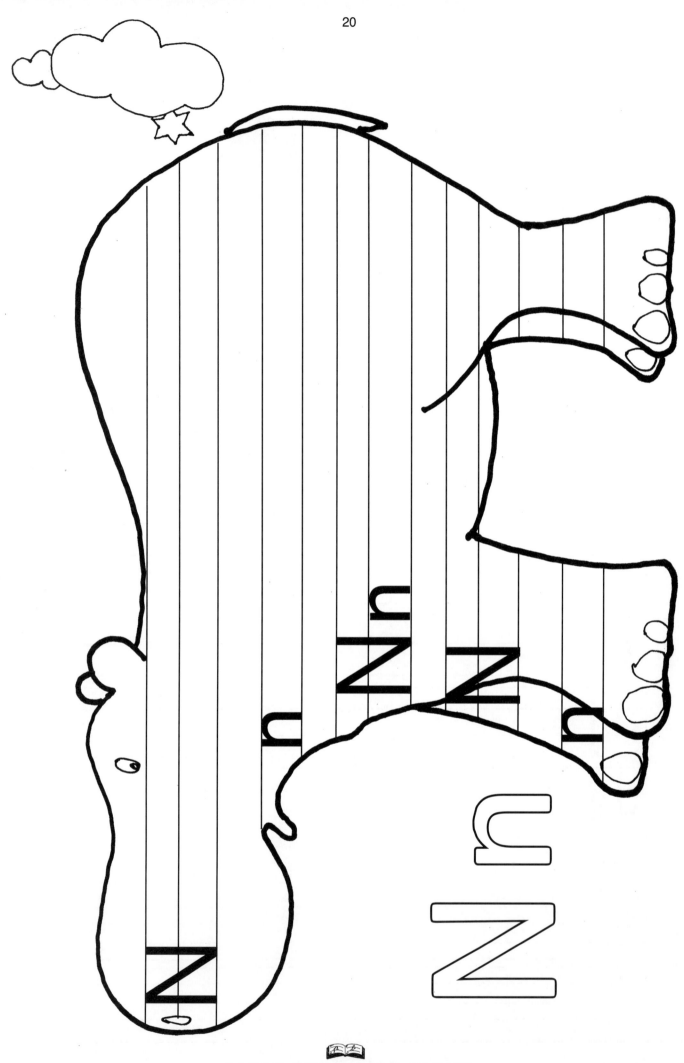

Name:

Qu

qu

Qu qu

Qu qu

Qu qu

Name:

Qu qu

Qu

qu

Qu qu

Qu qu

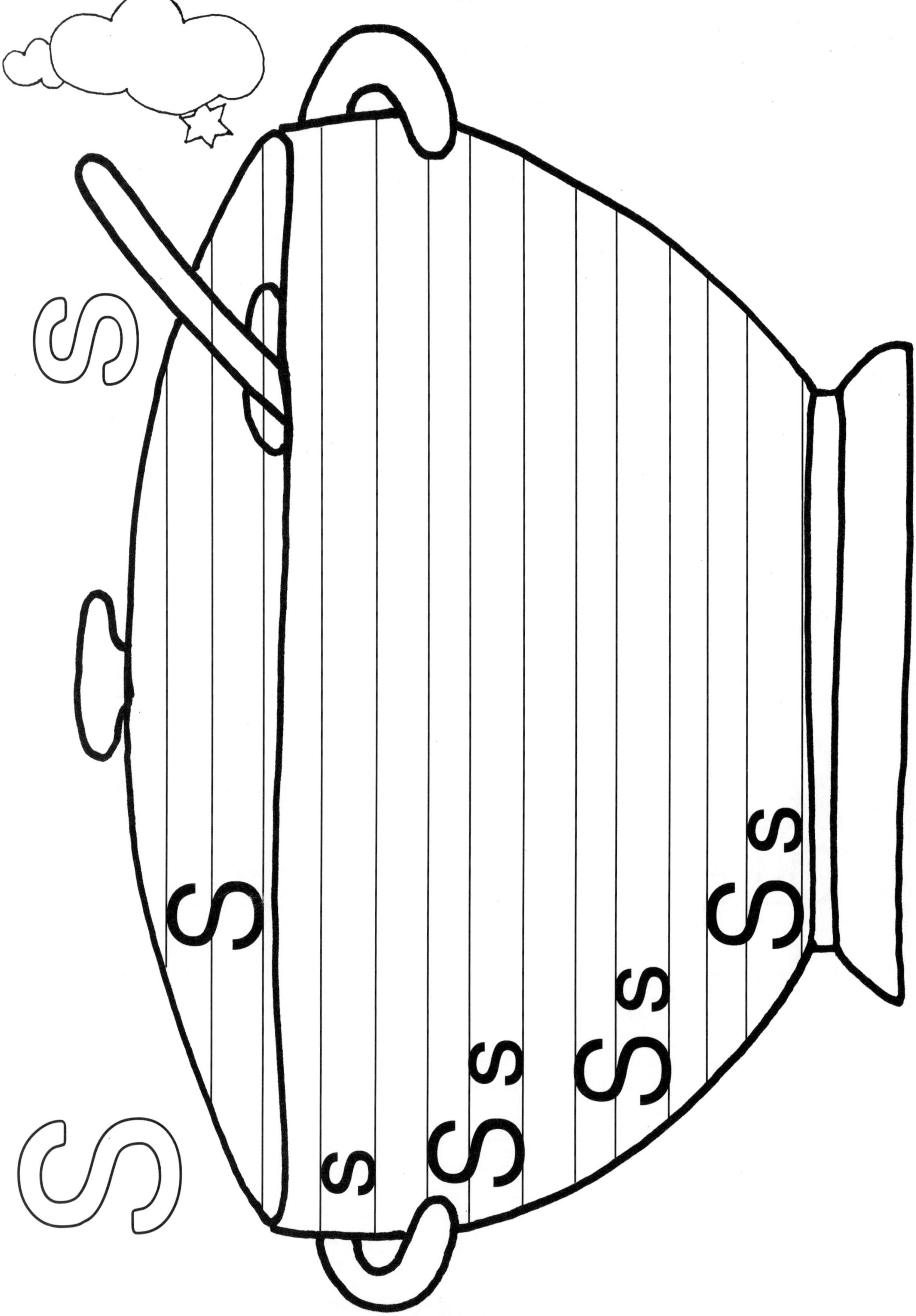

S s

S

S

S s

S s

S s

S s

S

Name:

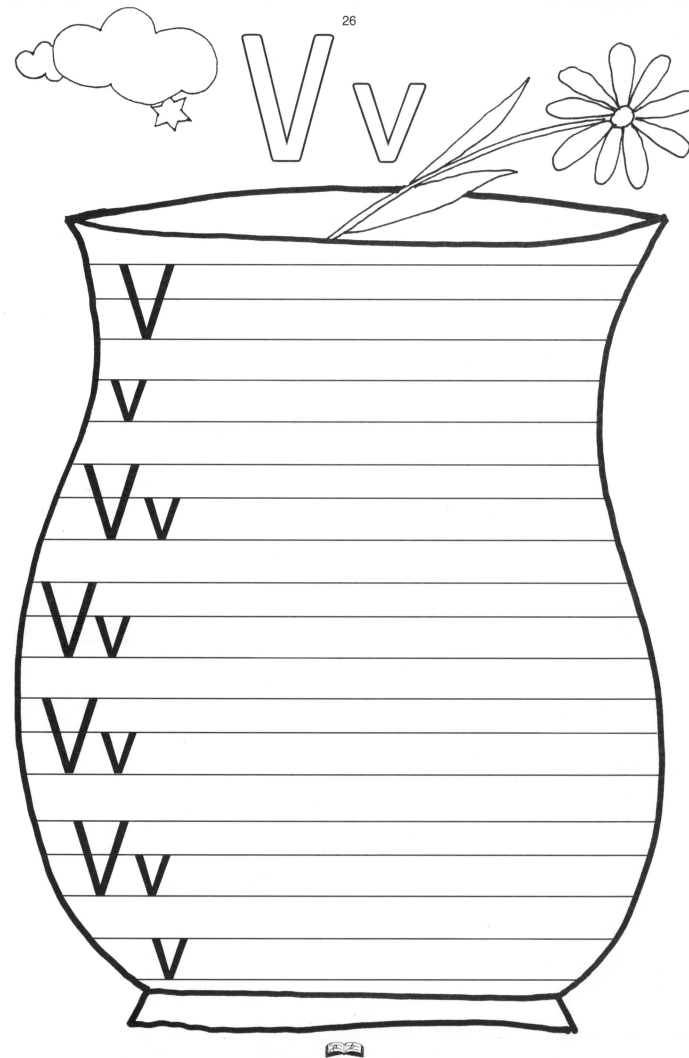

Name:

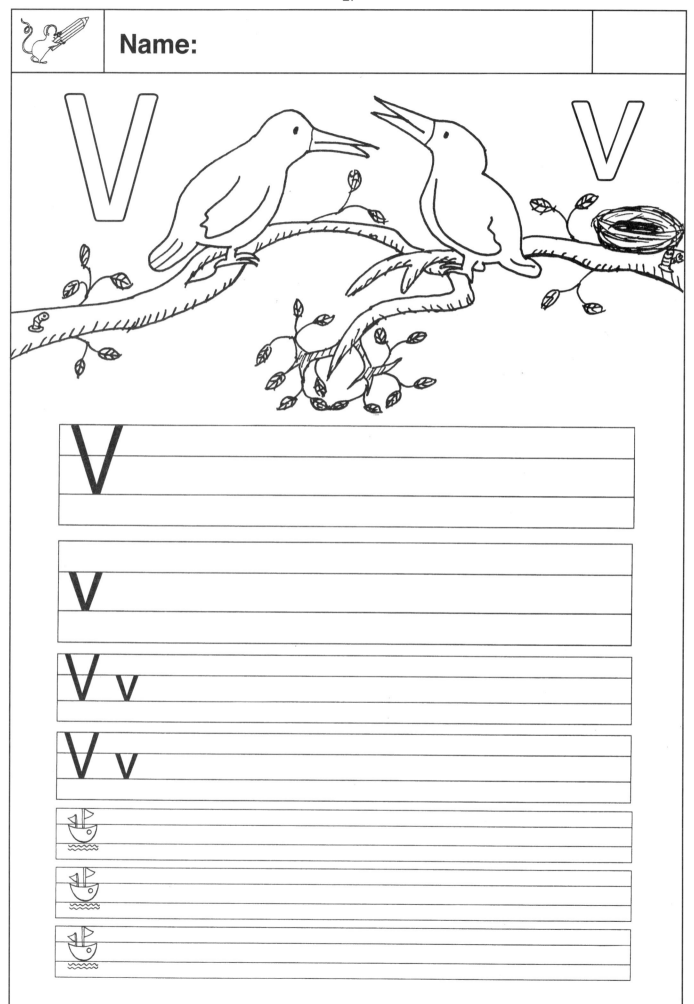

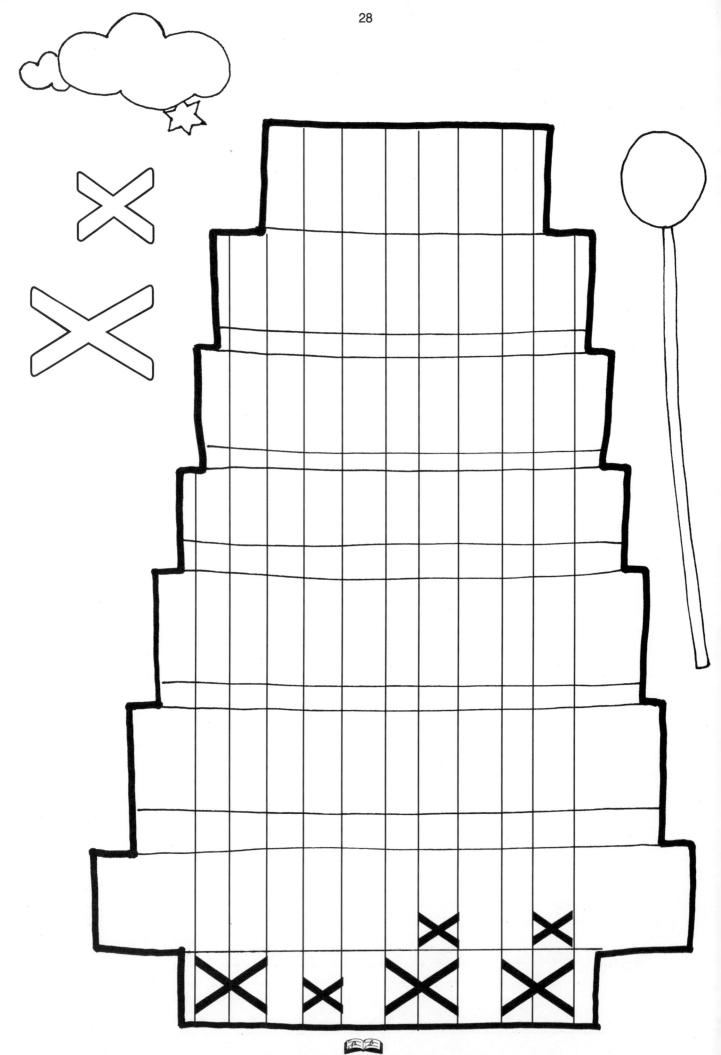

Name:

X

X

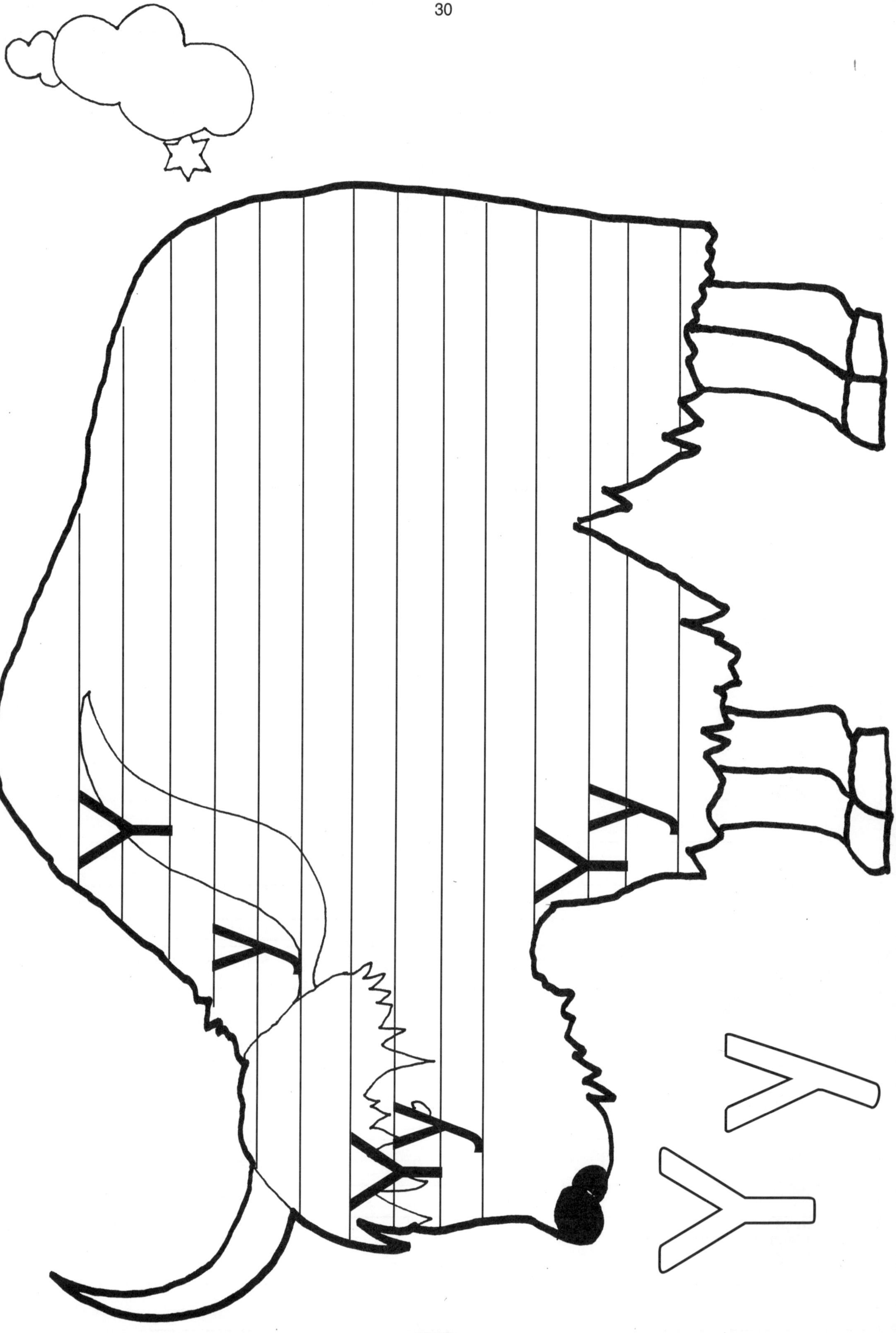
Y y

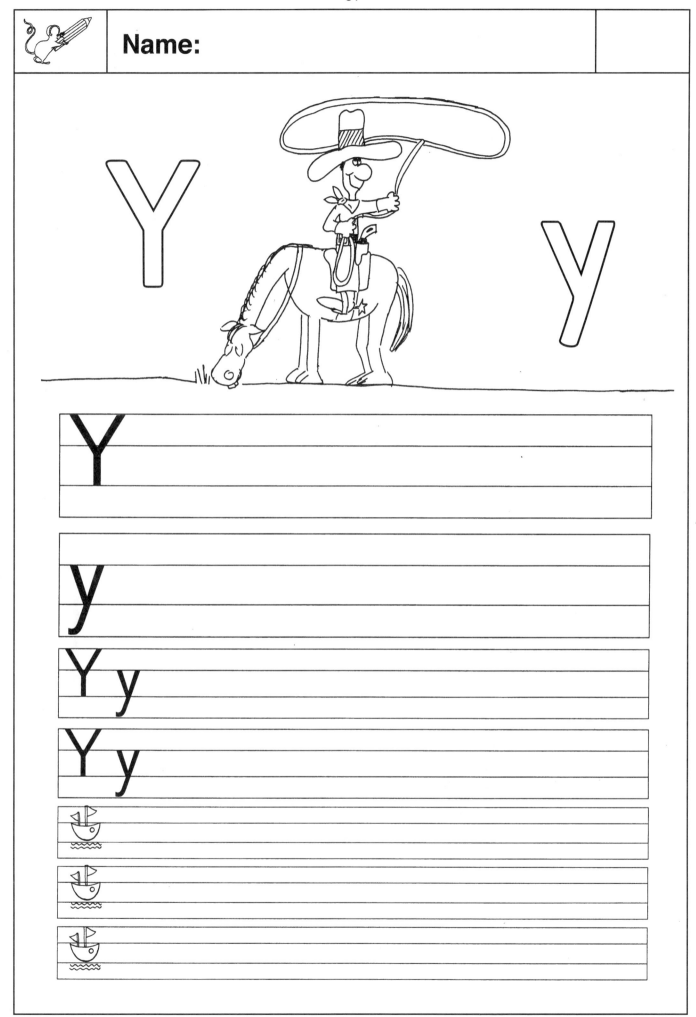

Name:

Name:

Guten Tag,

Frau [_____]!

Wie geht es der

Frau [_____]?

Ganz gut, Frau [_____]!

Bitte sagen Sie Frau [_____],

wir treffen uns mit Frau [_____]

und der Frau [_____]

bei der Frau [_____].

Trage die Wochentage ein!

Name:

Schnell vergeht die Zeit

Kasper sagt:

Am Montag fängt die

       Woche an,

am Dienstag, da wird

       nichts getan,

am Mittwoch bin ich

       müde schon,

am Donnerstag möcht' ich

       meinen Lohn,

am Freitag arbeit' ich

       nicht mehr,

am Samstag bin ich ein

       feiner Herr,

am Sonntag führ' ich

       Gretel aus

zu einem guten Mittagsschmaus.

Dann fängt die neue Woche an,

was bin ich für ein fleißiger Mann!

Name:

Weihnachten

Rote 🕯🕯🕯 sind am Ast.

Lila ◯◯ sind am Tannen-🎄.

Lametta ist am Tannen-🎄.

Der Tee ist in den Tassen.

Ein Teddy ist unter dem Tannen-🎄.

Ein Roller ist unter dem Tannen-🎄.

Ein Auto ist unter dem Tannen-🎄.

Eine Puppe ist unter dem Tannen-🎄.

2 Enten sind unter dem Tannen-🎄.

Das Rind ist in der .

Mandarinen sind am .

Male die Geschenke unter den Tannenbaum!
Schmücke den Tannenbaum richtig!

Name:

Wir feiern Fasching

Alle Kinder haben bunte Kleider an.
Alle haben Farbe im Gesicht
oder eine Maske auf.

Wer ist der mutige Pirat? Das ist Silas.
Max ist ein gefährlicher Indianer.
Die Prinzessin Diana ist wunderschön.
Wer erkennt das Gespenst? Das muss Nick sein.
Maria kommt als Zigeunerin und tanzt.

Dann haben alle Hunger und wollen
Würstchen mit Brot essen.
Wo sind die Kekse und die Waffeln?
Das schmeckt prima!
Die Limo tut gut!
Das ist toll!

Male die Kinder und das Essen!

Name:

Das *1.* Schuljahr ist vorbei,
ist vorbei,
ist vorbei,
sechs Wochen haben wir nun frei,
wir nun frei.

Jetzt machen wir, was uns gefällt,
uns gefällt,
uns gefällt,
wir reisen durch die weite Welt,
weite Welt.

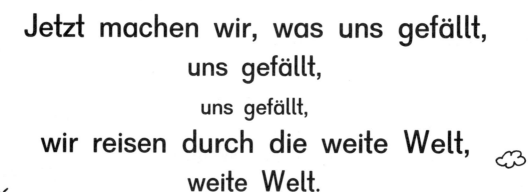

Wenn wir ins *2.* Schuljahr gehn.
Schuljahr gehn,
Schuljahr gehn,
dann wird es sicher wieder schön.
wieder schön.

Lesen: Ach, ich armes Drachenkind

Voraussetzung:

Einführung des „ch"

Vorbereitung:

* Tafelbild Drachenkind und Drachenmutter kopieren, an die Tafel heften und Vulkan an die Tafel malen

* Satzstreifen für die Tafel schreiben: Ich mag keine Schule.

  Du sollst rechnen!

  Ich fauche zu laut.

  Mach keinen Krach!

  Ich habe keinen Hunger.

  Iss deine Buchstabensuppe!

* Sprechblasen herstellen

* aus Bildern Drachenkind und Drachenmutter Kärtchen zum Umhängen für das Rollenspiel herstellen

* Arbeitsblatt in Anzahl der Schüler kopieren

Einstieg:

Lehrer/in zeigt Tafelbild Drachenkind und Drachenmutter mit Vulkan

Sch: äußern sich: Mama hat geschimpft, Drachenkind weint

L: Vielleicht kannst du dir vorstellen, warum die Mama geschimpft hat.

Sch: vermuten, der kleine Drache war frech, er hört nicht auf seine Mama

Erarbeitung:

Lehrer/in heftet Sprechblasen an die Tafel.

Ach, ich armes Drachenkind!
Nichts darf ich machen.

Ach, ich arme Drachenmutter!
Mein Kind ist so frech.

Sch: lesen leise und laut vor

überlegen, was das Drachenkind so anstellt

Lehrer/in heftet die Satzstreifen ungeordnet an die Tafel.

Ich mag keine Schule.		Ich habe keinen Hunger.

Mach keinen Krach!

Du sollst rechnen!

Iss deine Buchstabensuppe!   Ich fauche zu laut.

L: Lies die Sätze laut vor. Wer spricht? Ordne den Satz zum richtigen Bild.

Sch: lesen, heften die entsprechenden Satzstreifen unter die Drachen

Partnerarbeit:

L: Überlege, was das Drachenkind und die Drachenmutter noch sagen könnten (evtl. Schreibe es auf deinen Block.) Dann darfst du es uns vorspielen.

Sch: überlegen, schreiben auf

Rollenspiel:

Lehrer/in verteilt Bildkarten für das Rollenspiel.

Sch: spielen ihre Lösungen vor

Korrektur, falls Kinder nicht in der „Ich- oder Befehlsform" sprechen.

L: Worüber die beiden noch gestritten haben, darfst du jetzt selbst nachlesen.

Sch: erhalten Arbeitsblatt,

lesen leise, lesen laut vor

erzählen, worüber sie sich noch gestritten haben

Weitere Übungsmöglichkeiten

* Partner haben Würfel. Würfeln und lesen den entsprechenden Satz vor. Rollentausch

* Partner falten ihre Blätter an der gestrichelten Linie. Ein Partner liest einen Satz vor. Der andere Partner muss den dazugehörigen Satz finden und vorlesen.

Texte verfassen:

Schreibe in die Sprechblasen des Schreibanlasses, worüber sich die beiden noch streiten könnten.

Schreibe auf die Rückseite, wie die Geschichte ausgeht und / oder wie sich die beiden wieder versöhnen. Male ein passendes Bild dazu.

Ach, ich arme Drachenmutter! Mein Kind ist so frech.

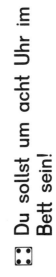

- ⚀ Mach keinen Krach!
- ⚁ Trinke deine Milch!
- ⚂ Mach dich nicht nass!
- ⚃ Du sollst um acht Uhr im Bett sein!
- ⚄ Mach dich nicht schmutzig!
- ⚅ Mach keine Löcher in die Erde!

Ach, ich armes Drachenkind! Nichts darf ich machen.

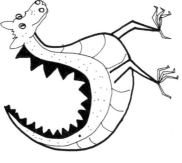

- ⚀ Ich fauche zu laut.
- ⚁ Ich mag keine Milch.
- ⚂ Ich tauche im Bach.
- ⚃ Ich suche in der Nacht
- ⚄ Ich lege mich mit meinem Bauch in den Schlamm.
- ⚅ Ich steche mit meinen Stacheln Löcher.

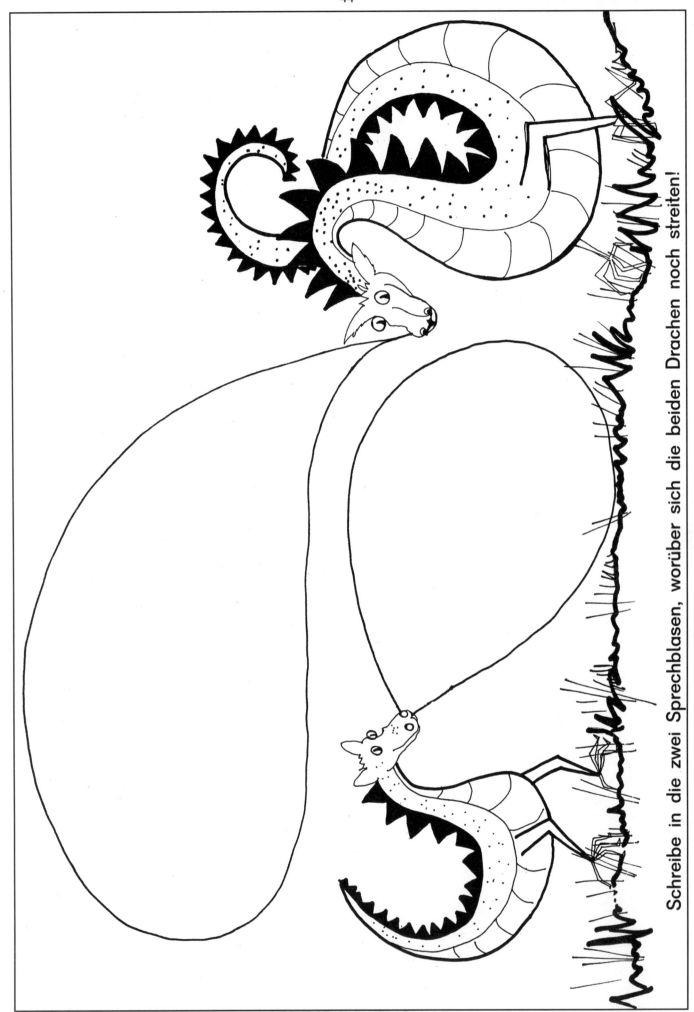

Schreibe in die zwei Sprechblasen, worüber sich die beiden Drachen noch streiten!

Lesen: Tante Trude Trippelstein

Vorbereitung:

* Requisiten: Bilder „Wolke" und „Sonnenschein", eine Schürze oder einen Regenschirm für Tante Trude für das Rollenspiel herstellen bzw. organisieren

* Bilder „Tante Trude", „Theke" und „Regenschirm" kopieren

* Würfel für die Partnergruppen bereitstellen

* vier Gesichter auf Karten zeichnen

Hinführung:

Lehrer/in zeigt Tafelbild „Tante Trude" und die erste Strophe des Gedichts.

Tante Trude Trippelstein

hält nicht viel von Sonnenschein.

Und an schönen Tagen

hat sie´s mit dem Magen.

Sch: vermuten, weshalb sie keinen Sonnenschein mag

die Frau heißt Tante Trude

Erarbeitung:

Lehrer/in heftet Bild „Theke" dazu.

Sch: vermuten, dass Tante Trude Verkäuferin ist

überlegen, was sie verkaufen könnte

Lehrer/in heftet Regenschirm auf die Theke.

Sch: erkennen, dass Tante Trude Regenschirme verkauft

Lehrer/in zeigt auf 1. Strophe

> **Tante Trude Trippelstein**
>
> **hält nicht viel von Sonnenschein.**
>
> **Und an schönen Tagen**
>
> **hat sie´s mit dem Magen.**

Sch: lesen erneut

erkennen, warum Tante Trude keinen Sonnenschein mag

und warum sie Magenweh hat

L: An manchen Tagen aber geht es ihr sehr gut und sie freut sich.

Sch: vermuten

Lehrervortrag der 2. und 3. Strophe.

Sch: äußern sich

geben Inhalt wieder

Lehrer/in verteilt Arbeitsblätter.

Sch: lesen selbst leise, dann laut vor

Partnerarbeit:

Lehrer/in verteilt Würfel.

Sch: Partner 1 würfelt, Partner 2 liest entsprechend der Augenzahl vor

Wechsel

würfelt ein Partner 5 oder 6, muss erneut gewürfelt werden

Erarbeitung des Textes:

L: Du kannst mir bestimmt noch einmal sagen, wie es Tante Trude in der 1. Strophe geht.

Sch: sie hat Magenschmerzen

es geht ihr nicht gut

L: Ist der Sommer schön und warm, geht es ihr trotzdem nicht gut.

Sch: sie weint

L: Doch wenn es regnet?

Sch: sie ist zufrieden, weil sie Geld verdient

L: Und wenn der Regen klitscht und klatscht!

Sch: dann freut sie sich besonders, weil sie viele Schirme verkauft

Lehrer/in hängt die vier Gesichter an die Tafel.

L: Ein Gesicht passt zur ersten Strophe.

       Sch: suchen das traurige Gesicht aus

            begründen warum

Partnerarbeit:

L: Überlege mit deinem Partner, welche Gesichter zu den anderen Strophen passen. Male sie mit Bleistift in die Kreise auf deinem Arbeitsblatt.

       Sch: arbeiten in Partnerarbeit

Kontrolle an der Tafel:

Lehrer/in malt die Würfel an die Tafel.

       Sch: hängen die Gesichter zum entsprechenden Würfel an der Tafel und begründen ihre Wahl

Rollenspiel:

Ein Schüler spielt den Inhalt einer Strophe vor, z.B. zeigt Symbol Sonnenschein und mimt Magenschmerzen. Dieses Kind ruft einen Schüler auf, der die entsprechende Strophe vorliest.

Weiterführung oder Hausaufgabe:

Fragen zum Text beantworten

Reimwörter unterstreichen

Schreibanlass:

Male und beschreibe dein Lieblingswetter. Was tust du an diesen Tagen?

Kunst:

Ich stehe im Regen

Tafelbild

Tante Trude Trippelstein

Tante Trude Trippelstein

hält nicht viel von Sonnenschein.

Und an schönen Tagen

hat sie's mit dem Magen.

Name:

Tante Trude Trippelstein

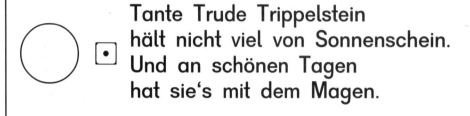

Tante Trude Trippelstein
hält nicht viel von Sonnenschein.
Und an schönen Tagen
hat sie's mit dem Magen.

Ist der Sommer schön und warm,
weint sie, dass es Gott erbarm.
Es ist wirklich sonderbar,
dennoch ist es wahr.

Doch ist der Regen angesagt
und ein jeder brummt und klagt,
ruft sie mit zufriedner Miene:
„Kinder, ich verdiene!"

Wenn es draußen plitscht und platscht
und der Regen klitscht und klatscht,
wird die Tante - wie famos -
Regenschirme los!

Lea Smulders

Unterstreiche die Reimwörter in der gleichen Farbe!

Name:

Welches Wetter magst du am liebsten?
Schreibe auf, was du bei diesem Wetter gerne machst!

Kunst: Ich stehe im Regen

Vorbereitung:

* Maltische herrichten

* Tafelbilder kopieren

* je Schüler ein Schwämmchen

* nummerierte Din- A 5 - Blätter in Anzahl der Schüler für die Exploration

* Zeichenblätter in Anzahl der Schüler für die Gestaltung

* Zeigestab oder nummerierte Kärtchen in Anzahl der Schüler

Maltische herrichten:

* Schultasche schließen

* Wasserfarbkasten Pinsel, Lappen, Wassergefäß und Schwämmchen bereitstellen

* in jedes Farbtöpfen einen Wassertropfen geben und vorsichtig verteilen

* nummerierte Din-A 5 - Blätter an die Schüler verteilen

Anknüpfung:

L: Wenn Tante Trude Trippelstein bei Regen aus ihren Laden schaut, sind alle Leute ähnlich angezogen.

         Sch: Gummistiefel

                 Regenjacke

                 Regenmütze

                 Regenschirm

Lehrer/in heftet die Bilder an die Tafel.

Exploration:

L: Stell dir vor, es regnet Bindfäden und du möchtest trotzdem hinaus. Du ziehst deine Regenkleidung an. Du gehst vor die Tür und du siehst dir den Regen genau an. Du kannst kaum einzelne Regentropfen erkennen und siehst alles verschwommen.

Lehrer/in verteilt nummerierte Din - A 5 - Blätter an die Schüler.

L: Probiere auf deinem Blatt auf, wie du mit dem Pinsel und deinem Schwämmchen diesen Regen malen kannst.

    Sch: explorieren mit dem Schwämmchen

Reflexion im Sitzkreis:

Blätter liegen in der Mitte.

L: Auf manchen Bildern kannst du die Regenfarbe gut erkennen.

    Sch: Blau mit viel Wasser

    Blau mit Grau

L: Auf manchen Bildern kannst du sehen, dass im Regen alles verschwimmt.

    Sch: zeigen auf Bilder

L: Du weißt bestimmt, wie das gemacht wurde.

    Sch: begründen:

    hier wurde das Blatt mit dem Schwämmchen nass gemacht und der Regen darauf gemalt oder darauf getupft

Gestaltung:

L: Du darfst dich jetzt mit deiner Regenkleidung im Regen malen. Male dich so groß, dass die Füße am unteren Rand des Blattes stehen. Der Kopf oder der Schirm stoßen am oberen Rand an.

    Sch: gestalten ihr Bild auf ihren Malblättern

Reflexion im Sitzkreis:

Zeigestab oder nummerierte Zahlenkärtchen zum Zeigen der Bilder verwenden.

L: Auf manchen Bildern ist das Kind im Regen groß genug gemalt.

    Auf manchen Bildern haben die Kinder die richtige Regenkleidung an.

    Auf manchen Bildern sieht man, wie der Regen alles verschwimmen lässt.

    Sch: zeigen auf die entsprechenden Bilder und begründen

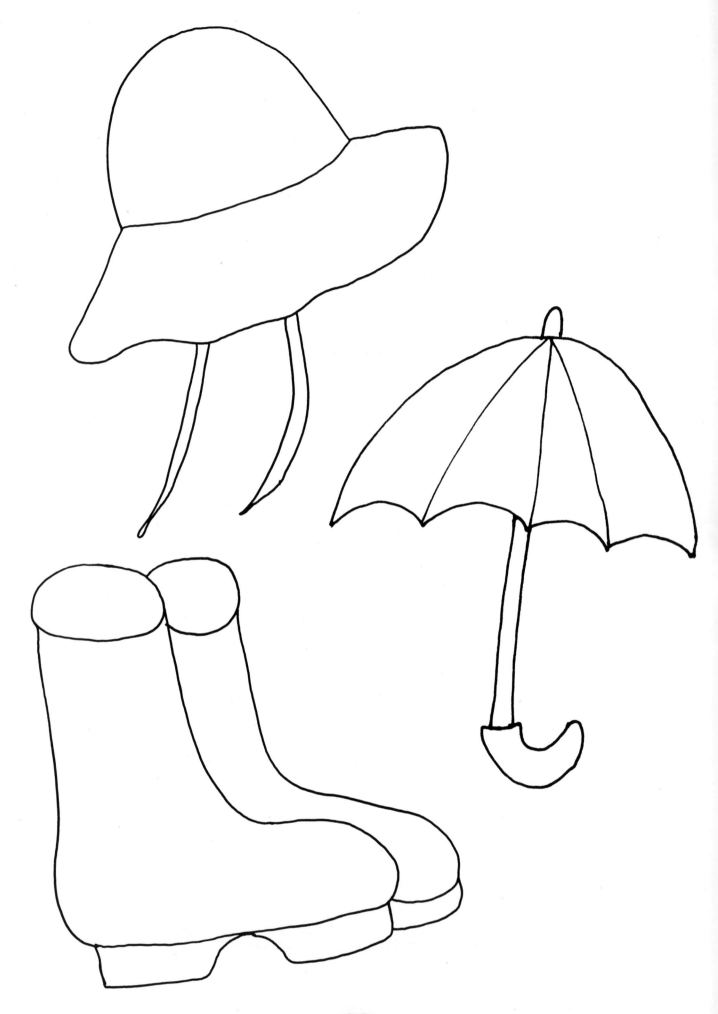

Bildergeschichte: Die Reise des Luftballons

Koautorin: Christina Dreykorn

Vorbereitung:

* Luftballon mitbringen

* Bilder 1, 2, 3, 5 für das Tafelbild vergrößern

* Meditationsmusik bereitlegen

* Ballone in Anzahl der Schüler auf Tonpapier in den Farben gelb, rosa, orange kopieren

* Bilder 1-6 in Anzahl der Schüler für das Bilderbuch kopieren

* Bild 4 nochmals in Anzahl der Schüler kopieren und nur dieses vor Stundenbeginn an die Schüler verteilen

* Schüler legen vor der Stunde Buntstifte an ihrem Platz bereit

Hinführung:

Lehrer/in zeigt den Luftballon und bläst ihn auf.

      Sch: äußern sich

Zielangabe:

L: Zu diesem Luftballon gibt es eine Geschichte. Das ist eine Geschichte zum Anschauen.

      Sch: eine Bildergeschichte

Erarbeitung:

Bild 1

Lehrer/in hängt Bild 1 an die Tafel:

      Sch: beschreiben

L: Du siehst, welche Personen in der Geschichte auftreten.

      Sch: ein Luftballonverkäufer und ein Mädchen

L: Bestimmt findest du einen Namen für den Verkäufer und das Mädchen.

      Sch: erfinden Namen

Partnerarbeit:

L: Erzähle leise deinem Nachbarn, wie die Geschichte beginnt.

       Sch: erzählen sich die Geschichte in Partnerarbeit

            stellen ihre Geschichte der Klasse vor

Bild 2:

L: Der rechte Nachbar legt jetzt den Kopf auf die Bank und schließt die Augen. Ich zeige dem linken Nachbar das nächste Bild. Er wird dir dann leise erzählen, was auf dem zweiten Bild zu sehen ist.

Lehrer/in hängt Bild 2 an die Tafel:

       Sch: die rechten Partner schließen die Augen

            die linken Partner betrachten das Bild und erzählen ihrem rechten Nachbar, was sie auf Bild 2 sehen.

Lehrer/in schließt die Tafel.

L: Auch die rechten Nachbarn wissen nun, was auf Bild 2 zu sehen ist.

       Sch: der Luftballon fliegt den beiden aus der Hand

Bild 3:

L: Nun legt der andere Nachbar den Kopf auf die Bank und lässt sich dann erzählen, was auf dem nächsten Bild zu sehen ist.

Lehrer/in hängt Bild 3 an die Tafel:

       Sch: berichten: Luftballon fliegt davon, über einen Fluss, Berge usw.

L: Wenn du den Luftballon genau anschaust, erkennst du, wie er sich fühlt.

       Sch: er ist fröhlich

Lehrer/in malt einen Rahmen für das nächste Bild an die Tafel und ein Fragezeichen hinein.

       Sch: vermuten, wie die Geschichte wohl weitergeht

Bild 4:

L: Ich lade dich ein, jetzt mit dem Luftballon auf Reisen zu gehen. Wenn ich die Musik einschalte, legst du den Kopf auf die Bank und träumst, wohin der Ballon fliegt und was er erlebt. Wenn die Musik zu Ende ist, malst du, was dein Ballon erlebt.

> Sch: schließen die Augen
>
> malen nach Musikende ihr Bild auf Bild 4

L: Du kannst uns nun erzählen, was dein Luftballon erlebt hat.

Lehrer/in zeigt den Luftballon.

> Sch: erzählen mit dem Luftballon der Ausgangssituation in der Hand ihre Geschichte zu ihrem Bild
>
> bilden Sprechreihe: „Ich habe…gesehen"
>
> geben den Luftballon an den Nächsten weiter

Bild 5:

Lehrer/in hängt Bild 5 an die Tafel.

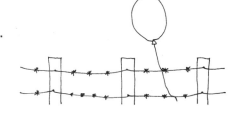

> Sch: beschreiben
>
> da kommt ein Stacheldraht

Lehrer/in zeigt auf das leere Gesicht des Luftballons.

> Sch: vermuten

L: Überlege, wie sich der Ballon jetzt fühlt.

Lehrer/in verteilt kopierten Ballon aus Tonpapier.

L: Male ein Gesicht, das zum Luftballon passt, auf deinen Ballon und schneide ihn aus.

> Sch: malen das Gesicht des Luftballons
>
> schneiden den Luftballon aus

L: Welcher Ballon erzählt uns jetzt, wie es ihm geht?

> Sch: zeigen ihren Luftballon und lassen ihn sprechen

L: Dein Ballon ruht sich jetzt unter deiner Bank aus.

Bestimmt kannst du dir vorstellen, wie die Geschichte weitergeht.

> Sch: vermuten

Lehrer/in malt auf den Luftballon der Ausgangssituation ein lachendes Gesicht.

L: Du siehst, wie es dem Luftballon jetzt geht.

> Sch: vermuten:
>
> er hat sich befreien können

L: Du hast bestimmt eine Idee, wie sich der Luftballon befreien konnte.

Sch: vermuten

L: Male auf deinen Luftballon, wie es ihm jetzt geht.

        Sch: malen ein lachendes Gesicht auf ihren Luftballon

Bild 6:

Lehrer/in verteilt Bild 6 an die Schüler.

L: Schreibe auf, wie sich der Ballon wieder befreit hat.

        Sch: schreiben

Überschrift:

L: Du kennst nun die ganze Geschichte. Aber sie hat noch keinen Namen.

        Sch: machen Vorschläge

        erhalten weitere Kopie von Bild 4

        wählen eine Überschrift aus und schreiben sie auf ihr Deckblatt

        gestalten Deckblatt

L: Du kannst uns jetzt die ganze Geschichte noch einmal erzählen.

Herstellung des Bilderbuches:

Lehrer/in verteilt Bild 1, 2, 3, 5 an die Schüler.

        Sch: heften die Bilder in der richtigen Reihenfolge zusammen

        malen die Bilder aus

Texte verfassen:

Die Schüler schreiben zu jedem Bild ein paar Sätze auf die gegenüberliegende freie Seite des Bilderbuches.

Stimmungsbarometer:

Die Schüler verschönern ihren Luftballon, indem sie Haare, Ohren, Augenbrauen usw. dazumalen. Anschließend stellen sie eine Fliege aus Krepppapier her und heften diese mit einem schönen Band an den Luftballon. Die Luftballons werden an die Klassenzimmerwand gehängt. Die Luftballons können als Stimmungsbarometer verwendet, indem die Schüler das lachende / traurige Gesicht sichtbar hinhängen.

Bild 1:

Bild 2:

Bild 3:

Bild 4:

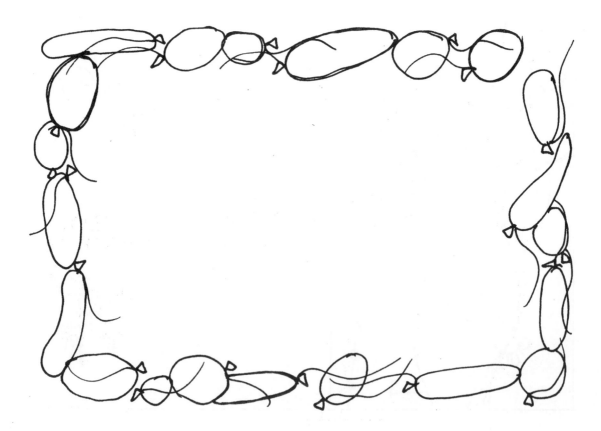

Bild 5:

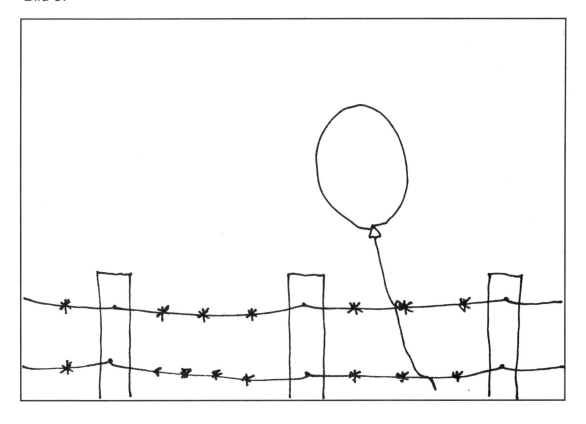

Bild 6:

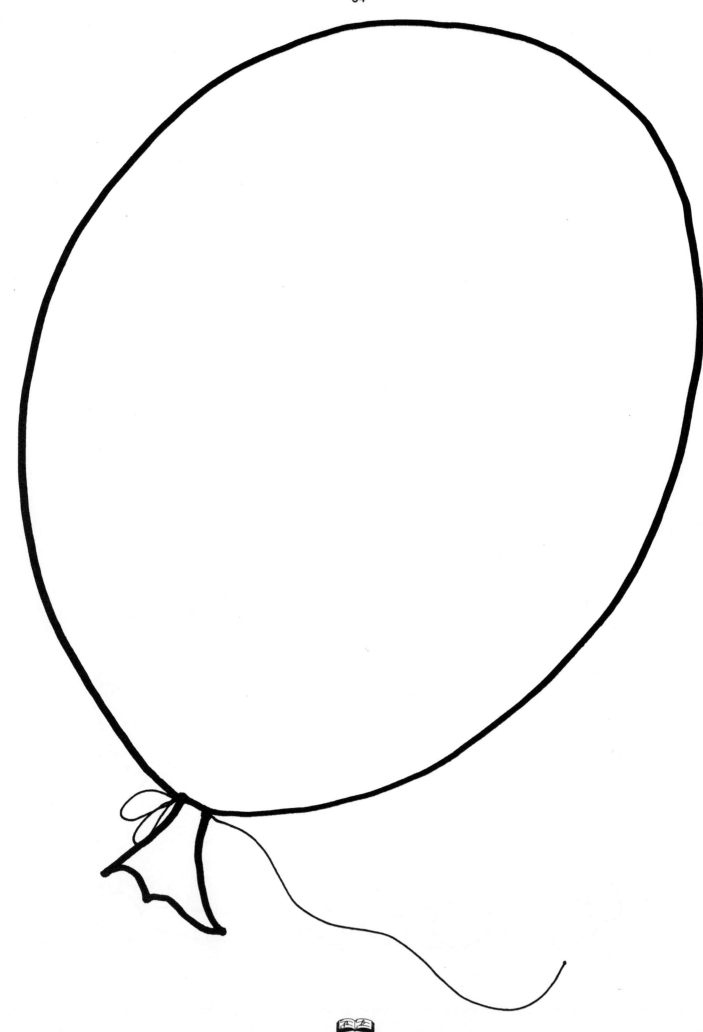

Lesen: In der Villa Kunterbunt
Koautorin: Annette Fischer

Vorbereitung:

* Tafelbilder „Villa Kunterbunt", „Einbrecher" und die „Gestalten" auf Din A 3 vergrößern

* für das Tafelbild „Gestalten" ein Schlüsselloch aus Tonpapier herstellen und über die drei Gestalten kleben

* Pippi, Thomas, Annika kopieren und ausschneiden

* Sprechblasen: „Hilfe, Hilfe, was ist das?" „Das ist doch Pippi" herstellen

* für das Rollenspiel Namensschildchen „Pippi", „Annika", „Thomas", „Donner-Karlson", „Blom" herstellen, Kajalstift zum Aufmalen der Sommersprossen, gelbes T-Shirt, Schleife, Kappe, Taschenlampe und Schlüsselbund organisieren

* Arbeitsblätter in Anzahl der Schüler kopieren

* differenzierte Leseblätter (Sprechblasen) in Anzahl der Schüler kopieren

Einstimmung:

Abenteuerreise:

Die Schüler stellen sich hinter ihren Stuhl. Lehrer/in erzählt Abenteuer von Pippi. Die Schüler spielen pantomimisch hinter dem Stuhl mit. Es wird dabei nicht gesprochen und die Schüler bewegen sich nicht durch den Raum.

L: Pippi setzt sich aufs Pferd und galoppiert zur Schule. (Schüler galoppieren)

Dort stellt sie viel Unsinn an. Sie hebt die Lehrerin hoch. (Schüler strecken sich)

Dann läuft sie durchs Klassenzimmer. (Schüler laufen hinter ihrem Stuhl)

Pippi versteckt sich unter einem Tisch und winkt frech hervor. (Schüler setzen sich unter ihren Tisch und winken)

Pippi bemalt den Boden. (Schüler malen pantomimisch den Boden an)

Pippi tanzt auf dem Tisch. (Schüler steigen auf den Tisch und tanzen)

Pippi sitzt auf ihrem Stuhl und schnarcht. (Schüler machen nach)

Pippi ist jetzt ausgeschlafen und galoppiert mit dem Onkel nach Hause.

Zu Hause spielt Pippi Gespenster. (Schüler machen nach)

Das war ein anstrengender Tag. Pippi setzt sich und ruht sich aus. (Schüler sitzen leise auf ihrem Stuhl)

Einstieg:

Sitzkreis vor der Tafel.

Lehrer/in zeigt Bild „Villa Kunterbunt" (TA 1)

Sch: äußern sich

das ist die Villa Kunterbunt

Lehrer/in schreibt Überschrift an die Tafel: In der Villa Kunterbunt (TA 2).

      Sch: lesen vor

Erarbeitung:

L: Die beiden Freunde von Pippi kommen vorbei.

Lehrer/in hängt Bild von Thomas und Annika an die Tafel (TA 3).

      Sch: äußern sich

L: Als sie in der Villa Kunterbunt eintreten, ist von Pippi keine Spur. Nur das Pferd, der kleine Onkel und der Affe Herr Nilsson scheinen zu Hause zu sein. Thomas und Annika sehen die Schatztruhe, die offen steht mit Masken und Kostümen. Auf einmal hören sie ein furchtbares Geräusch. Es faucht laut, „ch", „ch", „ch", und wird immer lauter.

      Sch: fauchen mit

          fauchen laut, leise

L: Annika erschrickt und ruft:

Lehrer/in hängt Sprechblase an die Tafel (TA 4).

      Sch: lesen

          vermuten

L: Thomas hat keine Angst. Er lacht, denn er vermutet etwas.

Lehrer/in hängt Sprechblase an die Tafel (TA 4).

      Sch: lesen

L: Pippi kommt aus der Schatzkiste, lacht und sagt: „Als ich vorhin in meiner Schatzkiste gekramt habe, kam mir eine ganz tolle Idee!"

Lehrer/in heftet Pippi liegend auf die Schatztruhe (TA 5.)

L: Welche tolle Idee Pippi hat, darfst du selbst nachlesen.

Lehrer/in verteilt Arbeitsblätter.

      Sch: lesen Sätze 1 - 4

          lesen leise, laut

          erkennen, dass sie sich verkleiden wollen

L: Die drei überlegen sich, als was sie sich verkleiden könnten.

      Sch: überlegen

L: Wollen wir uns als Schlange verkleiden? Sss,

Wollen wir uns als Drache verkleiden? Chchch

Wollen wir uns als Rabe verkleiden? Rarara

Wollen wir uns als…

    Sch: erfinden weitere Tiere

        machen entsprechende Bewegung

        laufen dabei durchs Klassenzimmer

L: Alle Tiere setzen sich auf ihren Platz.

Es dauert eine Weile, bis die drei etwas Passendes gefunden haben. Zur gleichen Zeit will Besuch in die Villa Kunterbunt.

Lehrer/in nimmt (evtl.) Bild von der Villa Kunterbunt ab und heftet Bild „Einbrecher" an die Tafel (TA 6).

    Sch: äußern sich

L: Die Einbrecher Donner-Karlson und Blom wollen Pippis Goldstücke rauben. Auf dem Weg zur Villa Kunterbunt unterhalten sie sich. Worüber sie sich unterhalten, darfst du auf dem Leseblatt mit den Sprechblasen nachlesen. Klebe die Sprechblasen ein, die zu Satz 4 passen. Wer will, darf selbst noch einen Satz in die leere Sprechblase schreiben.

Lehrer/in verteilt differenzierte Leseblätter mit Sprechblasen.

    Sch: lesen

        schreiben in leere Sprechblase

        kleben die passenden Sprechblasen auf Arbeitsblatt 1

        lesen ihre Geschichte laut vor

L: Die Einbrecher hören die Geräusche in der Villa Kunterbunt, als sie ganz dicht vor der Türe stehen.

    Sch: wiederholen die Geräusche: sss, chchch, rarara

L: Die Einbrecher bekommen Angst und schauen durchs Schlüsselloch.

Lehrer/in hängt die drei Gestalten mit Schlüsselloch aus Tonpapier an die Tafel (TA 7).

L: Als die Einbrecher sehen, was in der Villa Kunterbunt los ist, läuft es ihnen eiskalt den Rücken hinunter.

        Sch: einzelne Schüler schauen hinter das Schlüsselloch

Lehrer/in nimmt das Tonpapier ab (TA 8).

        Sch: äußern sich

L: Du weißt, wer diese 3 Gestalten sind.

        Sch: die drei Kinder haben sich verkleidet

Zusammenfassen der Geschichte

Ausgang der Geschichte:

L: Wie die Geschichte weitergeht, darfst du dir in deiner Gruppe überlegen.

        Sch: überlegen in Gruppen

L: Male das Ende deiner Geschichte auf die Rückseite deines Arbeitsblattes.

        Sch: malen das Ende ihrer Geschichte

Möglichkeiten der Weiterführung:

Rollenspiel:

L: Du darfst uns die Geschichte und den Ausgang vorspielen (evtl. 5er Gruppen).

        Sch: vermuten

            überlegen sich ein passendes Ende

Verteilung der Requisiten:

Pippi: Namensschildchen, aufgemalte Sommersprossen, gelbes T-Shirt

Annika: Namensschildchen, Schleife ins Haar

Thomas: Namensschildchen, Kappe

Einbrecher: Namensschildchen, Taschenlampe, Schlüsselbund

        Sch: spielen vor

Weiterführendes Schreiben:

* Schüler suchen sich ein Ende auf dem Arbeitsblatt 2 aus

* Schüler schreiben ihr eigenes Ende

Tafelbild

In der Villa Kunterbunt

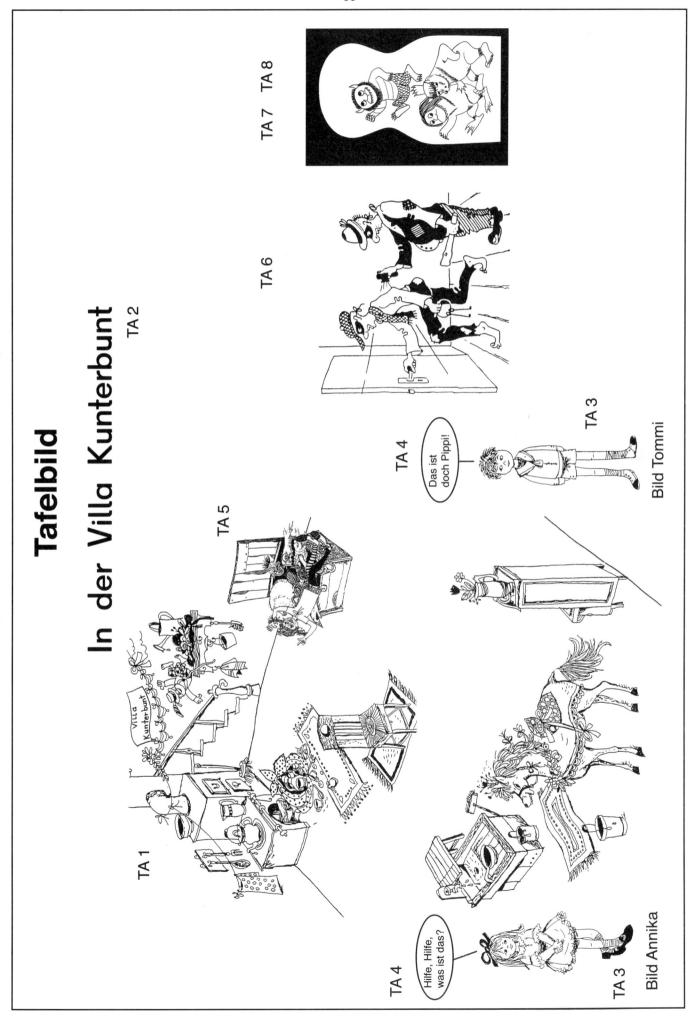

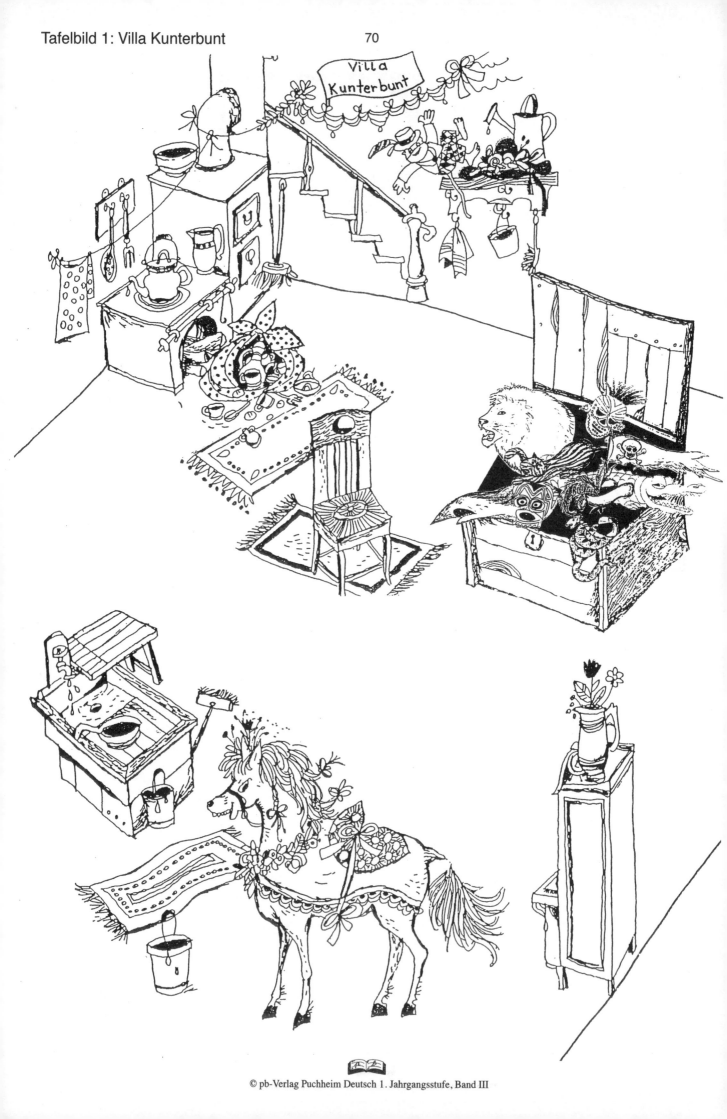

Name:

In der Villa Kunterbunt

⚀ Tommi und Annika besuchen Pippi.
Da ruft Annika:

> Das ist
>
> doch Pippi!

⚁ Aus der Kiste kommt ein furchtbares Fauchen:
ch - ch - ch.
Aber Tommi lacht:

> Hilfe! Hilfe!
>
> Was ist das?

⚂ Pippi hat eine tolle Idee:

> Wir verkleiden uns!

⚃ Da kommen Donner-Karlson und Blom.
Beide wollen Pippis Koffer mit Geld.
Sie unterhalten sich:

Welche Sprechblasen passen?
Schneide sie aus und klebe sie auf das Arbeitsblatt zu ⚁ !
Schreibein die leere Sprechblase, was die Räuber noch sagen
könnten!

Welche Sprechblasen passen?
Schneide sie aus und klebe sie auf das Arbeitsblatt zu ⚁ !

„Ob wir Pippis Geldkoffer finden?"

„Was machen wir, wenn Pippi zu Hause ist?"

„Hoffentlich sind viele Kuchenstücke im Koffer!"

„Hoffentlich sind viele Geldstücke im Koffer!"

„Ob wir Pippis Kochtopf finden?"

„Komm, wir singen ein Lied!"

„Was machen wir, wenn Pippi die Polizei ruft?"

„Pippis Papa wird doch nicht zu Hause sein?"

„Was kaufen wir uns von dem Geld?"

„Was sind das für Geräusche?"

„Was machen wir mit dem Hund?"

Name:

In der Villa Kunterbunt

⚃ Aber da sehen beide Einbrecher die wilden Kerle in der Villa Kunterbunt.

⚅ Voller Angst rennen die Einbrecher davon. Alle Kinder lachen.

① Welches Ende der Geschichte gefällt dir besser? Kreuze an!

❏ Pippi, Tommi und Annika feiern ein großes Fest. Sie laden ihre Freunde dazu ein.

❏ Pippi, Tommi und Annika verjagen in ihren wilden Kostümen noch mehr Verbrecher. Sie helfen der Polizei.

② Schreibe ein Ende der Geschichte, das dir gefällt!

③ Male auf die Rückseite ein Bild zum Ende deiner Geschichte!

Kunst: Wir gestalten ein Zauberbuch
Koautorin: Annette Fischer

Herstellung eines Zauberbuches:

Der Grundgedanke des Zauberbuches besteht darin, viele verschiedene Kombinationsmöglichkeiten der Fantasiegestalten zu erzielen, indem Kopf, Rumpf und Beine separat umzuklappen sind.

Vorbereitung:

* Zauberbuchblatt in Anzahl der Schüler kopieren

* Pippi, Tom und Annika für jedes Kind kopieren

* Deckblatt in Anzahl der Schüler kopieren

Anknüpfung:

L: Dass die Einbrecher vor den drei Kindern solche Angst hatten, hatte einen Grund.

     Sch: äußern sich

Erarbeitung:

L: Die sahen auch besonders aus.

     Sch: wild…

L: Sie hatten ja auch in der Schatztruhe Sachen gefunden, die einem besonders Angst machen.

     Sch: zählen auf

L: Wenn du dich als wildes Wesen verkleiden würdest, was würdest du anziehen?

     Sch: erzählen

L: Die Kinder haben sich ja überall verkleidet.

    Denk an Kopf, Fell, Füße, Beine, Zähne, Augen, Farbe.

     Sch: äußern sich

Evtl. Vergleiche zu wilden Tieren schaffen, z.B. Krokodil, Löwe, Dinosaurier.

L: Schließe deine Augen und stell dir dein ganz wildes Kostüm vor.

     Sch: schließen die Augen

        erzählen

Zielangabe:

L: Wir wollen jetzt ein Zauberbuch herstellen, in dem ganz viele wilde Wesen vorkommen, die es in Wirklichkeit gar nicht gibt.

Lehrer/in zeigt Zauberbuchblatt und demonstriert, wo Kopf, Rumpf und Beine des wilden Wesens zu malen ist.

Zauberbuchblatt

L: Damit es ein Zauberbuch wird, musst du den Kopf deiner Fantasiegestalt über die vier Punkte auf deinem Blatt malen. Den Bauch und die Arme malst du zwischen die vier Punkte. Die Beine und die Füße oder den Schwanz malst du unter die vier Punkte.

Gestaltung:

L: Male dein Fantasiewesen mit Wachsmalkreiden so, dass später jeder sehen kann, dass es ein ganz wildes Wesen ist.

   Sch: gestalten ihre (evtl. mehrere) Fantasiewesen

Reflexion:

Die Bilder der Schüler liegen im Sitzkreis auf dem Boden.

L: Manche von den Gestalten schauen ganz besonders wild aus. Du kannst mir sagen warum.

   Sch: äußern sich

L: Stell dir vor, du stehst vor einem dieser Fantasiegestalten. Vor welchen hättest du am meisten Angst?

   Sch: äußern sich

Fertigstellung des Zauberbuches

1. Die Schülerarbeiten jedes einzelnen Schülers und seine ausgemalten Bilder von Pippi, Thomas und Annika so aufeinanderlegen, dass die vier Punkte deckungsgleich sind (Pippi, Thomas und Annika obenauf legen).

2. Mit einem Tapeziermesser entlang der Linie, die sich aus den oberen zwei Punkten ergibt, schneiden (siehe Zeichnung).

3. Ebenso bei den zwei unteren Punkten verfahren. Dabei ist darauf zu achten, dass auf der linken Seite ein Rand von 2 cm stehen bleibt, während der Schnitt auf der rechten Seite durchgezogen wird.

4. Zum Schluss die Bilder mit dem Deckblatt in Form eines Buches zusammenheften.

Die Figuren müssen auf 24 cm Höhe vergrößert werden.

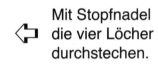

Mit Stopfnadel
die vier Löcher
durchstechen.

Wir verkleiden uns!

Dieses Zauberbuch ist von:

Anleitung zum Würfelspiel: Pippi in der Schule

Spielerzahl: 2-6 Kinder

Spielmaterial: Spielplan (vergrößern), Satzstreifen in mehrfacher Ausfertigung (z.B. Jogurtbecher), Spielfiguren, Würfel

Spielverlauf:

Die Spieler setzen ihre Figuren auf das Startfeld und ziehen diese jeweils um die gegenwärtige Punktzahl vor. Kommen sie auf ein Feld mit einem Pippibild, gilt es, den dazu passenden Satzstreifen zu finden. Dieser wird vorgelesen. Das Kind darf diesen, falls es richtig ausgewählt und gelesen hat, behalten. Sieger ist, wer nach einer festgesetzten Zeit die meisten Satzstreifen gesammelt hat.

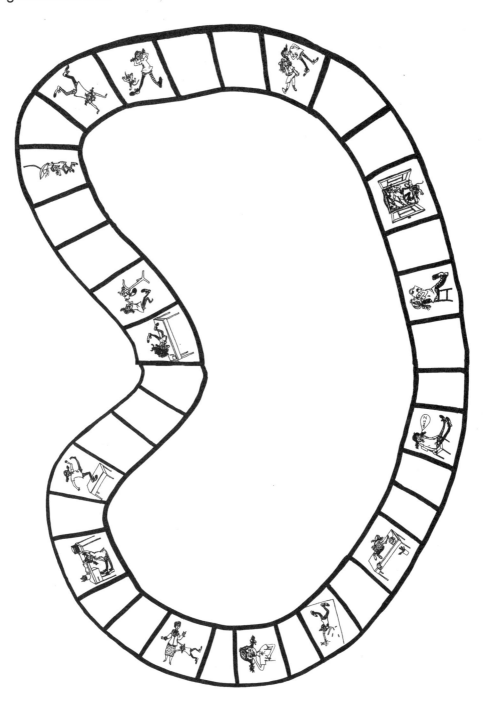

Pippi bohrt in der Nase.

Pippi malt auf den Boden.

Pippi malt den Tisch rot an.

Pippi schläft und schnarcht.

Pippi trinkt aus dem Krug.

Pippi steigt durchs Fenster.

Pippi schwätzt mit Annika.

Pippi spielt mit Herrn Nilson.

Pippi macht einen Handstand.

Pippi hängt an der Lampe.

Pippi hängt die Schuhe an die Garderobe.

Pippi liegt auf der Bank.

Pippi tanzt auf dem Tisch.

Pippi versteckt sich unter dem Pult.

Pippi hebt die Lehrerin hoch.

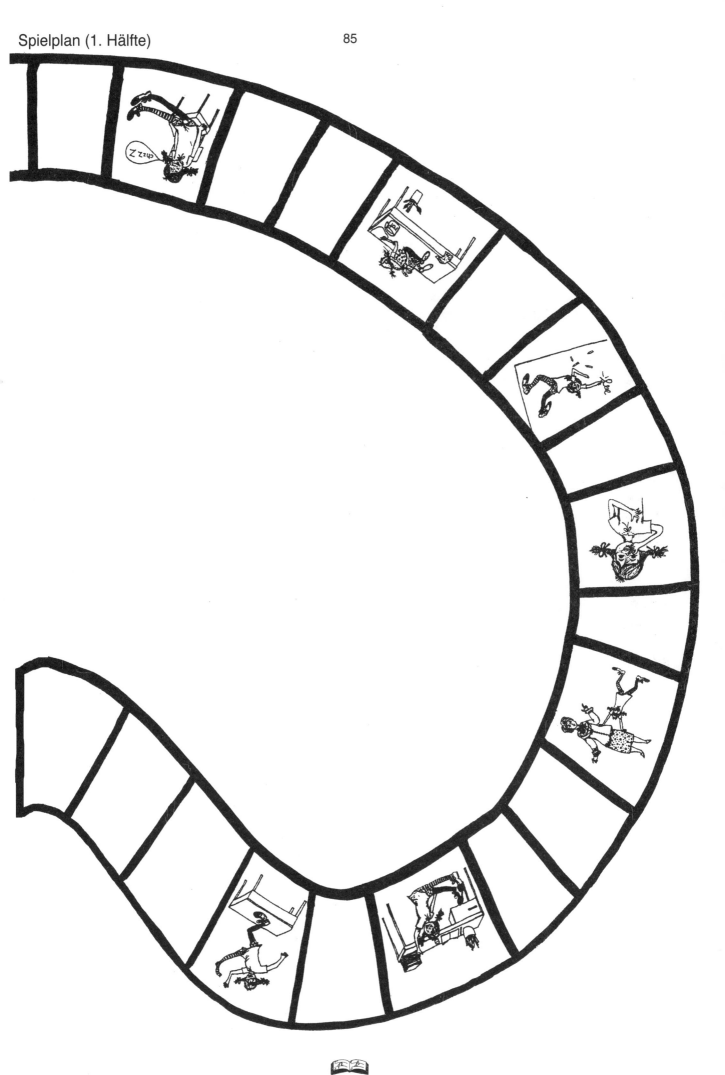

Lesen: Auf der Taka-Tuka-Insel

Koautorin: Annette Fischer

Vorbereitung:

* Wortkarten für Blitzlesen herstellen: Taka-Tuka, Insel, Pippi, Annika, Thomas, Negerkinder, Negerkönig,

* leere Sprechblasen vorbereiten

* Tafelbild „Pippi und die Eingeborenen" auf Din - A 3 kopieren

* Tafelbild Höhle vergrößern

* Vorlage „Stein" auf graues Tonpapier vergrößern, ausschneiden und auf die Höhle kleben

* Arbeitsblätter (Vorder- und Rückseite!) in Anzahl der Schüler kopieren

Einstieg:

Blitzlesen

Lehrer/in zeigt Wortkarten.

     Sch: lesen

          erfinden evtl. eine Geschichte zu den Wörtern

Erarbeitung:

Lehrer/in zeigt Tafelbild"Pippi und die Eingeborenen" (TA 1).

     Sch: äußern sich

Lehrer/in schreibt Überschrift an die Tafel: Auf der Taka-Tuka-Insel (TA 2)

Lehrererzählung:

Pippi ist zu Besuch bei ihrem Papa auf der Taka-Tuka-Insel. Alle Erwachsenen sind auf einer anderen Insel zu einem großen Fest eingeladen. Die Kinder und Pippi bleiben auf der Insel zurück. Sie überlegen, was sie jetzt auf der Insel anstellen könnten.

     Sch: vermuten

Begegnung:

Lehrer/in zeigt Tafelbild „Höhle" mit dem Stein (TA 3).

     Sch: vermuten

Lehrererzählung:

Auf der Insel gibt es eine Höhle, die noch nie ein Mensch betreten hat. Die Erwachsenen

haben den Kindern verboten, in diese Höhle zu gehen. Mit Pippi zusammen beschließen sie es heute zu wagen und die Höhle zu erforschen.

L: Was die Kinder in der Höhle entdecken, lies selbst nach. Lies Satz 1 bis 5.

Lehrer/in verteilt Arbeitsblatt.

       Sch: lesen leise

           lesen einzeln laut vor

Erarbeitung:

L: Du weißt jetzt, was die Kinder in der Höhle erleben.

       Sch: äußern sich

           lesen vor

L: Stell dir vor, du wärest dabei. Was für Geräusche würden dir Angst machen?

       Sch: äußern sich

Lehrer/in heftet Sprechblasen an Tafel und notiert Äußerungen der Schüler mit (TA 4).

       Sch: lesen vor

           tragen Laute in ihr Arbeitsblatt ein

L: Wer mag wohl hinter diesem Felsen stecken?

       Sch: vermuten

L: Wer sich hinter diesem Felsen verstecken mag, darfst du jetzt auf deinem Arbeitsblatt malen.

       Sch: malen

L: Lies, wie die Geschichte weitergeht, auf der Rückseite deines Arbeitsblattes nach.

       Sch: lesen vor

L: Wer traut sich, hinten den Felsen zu schauen?

       Sch: schauen an der Tafel hinter den Stein

L: Wer kann den schweren Stein wegheben?

       Sch: klappen Stein weg (TA 5)

           äußern sich

Abschluss:

L: Das Ende der Geschichte kannst du jetzt selbst schreiben.

       Sch: setzen das Wort „Kinder" in das Arbeitsblatt ein

Schreibanlass:

Schreibe oder male, was die Kinder nun zusammen tun. Was wohl die Eltern dazu sagen?

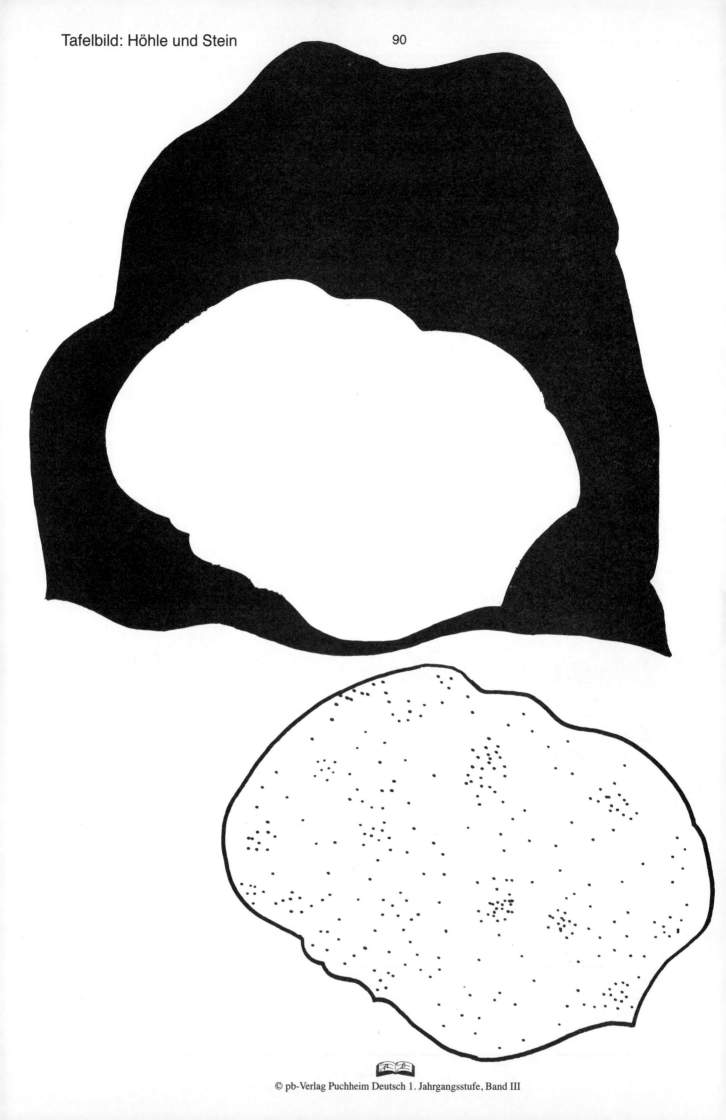

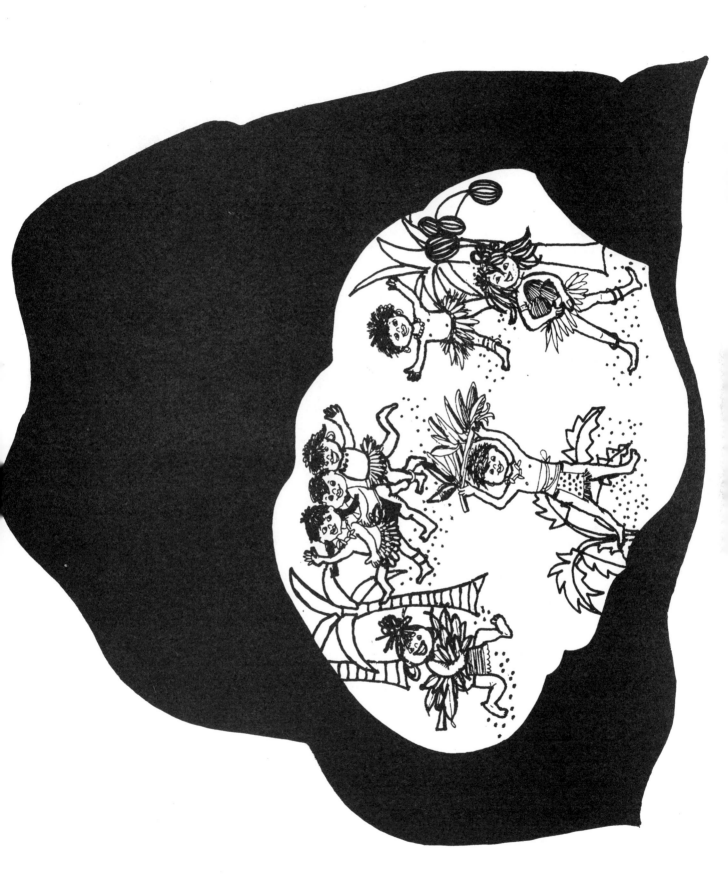

Tafelbild

Auf der Taka-Tuka-Insel

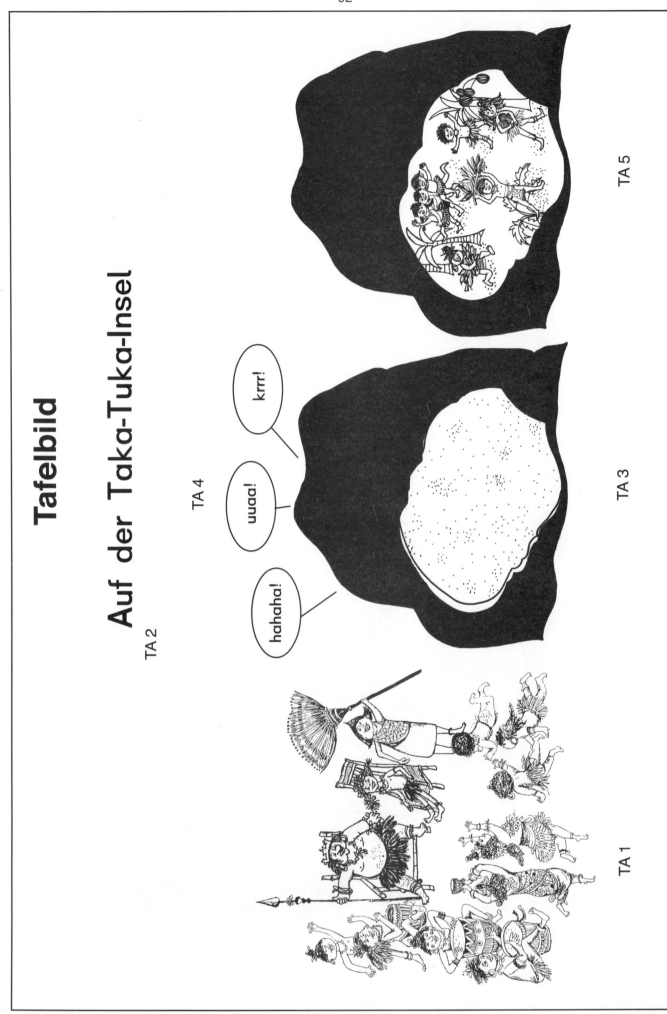

Name:

Auf der Taka-Tuka-Insel

⚀ Pippi und die Negerkinder schleichen vorsichtig in die verbotene Höhle.

⚁ Dort gibt es nur einen ganz engen finsteren Gang.

⚂ Plötzlich hören sie unheimliche Geräusche. Die Kinder haben Angst.

⚃ Da versperrt ihnen ein schwerer Felsen den Weg.

⚄ Welches Geheimnis sich wohl hinter dem Felsen verbirgt?

Male!

⚃ Pippi rollt den großen Felsenweg. Die Kinder können
es nicht glauben.

Dahinter sind _____ .

Schreibe oder male, was die Kinder nun zusammen tun! Was wohl die
Eltern dazu sagen?

Lesen: Das ist Familie Langohr
Koautorin: Annette Fischer

Vorbereitung:

* Wortkarten für die Erwärmung schreiben: Hase, Korb, Nase, Eier, Eimer, Kuchen, suchen, Nest, Fest, bunt, gelb, braun, schwarz

* Satzstreifen schreiben: Die Hasenmama packt die Eier in den Korb.

  Bald ist Ostern. Mama Hase kocht schon die Eier.

  Die Hasenkinder Toni und Froni malen die Eier bunt an.

  Der Hasenpapa legt die Eier in die Osternester.

* Tafelbilder der Familie Hase kopieren

* Bilderbuchvorlagen in Anzahl der Schüler kopieren

* Satzstreifen in Anzahl der Schüler kopieren

* Zusatzblatt in Anzahl der Schüler kopieren (Text im Stundenbild)

Herstellen des Hasenbüchleins:

* Bilderbuchvorlagen (8 Bilder) in Anzahl der Schüler kopieren

* die Bilderbuchvorlagen an der gestrichelten Linie durchschneiden

* für jeden Schüler ein weiteres leeres Din - A 4 Blatt ebenso durchschneiden, so dass vier weiter leere Bilderbuchseiten entstehen

* die Bilder in richtiger Reihenfolge und am Ende die vier leeren Bätter aufeinander legen

* für den Einband ein farbiges, z.B. gelbes Tonpapier Din - A 4 längs in der Mitte zerschneiden

* den Einband einmal in der Mitte falten, die Buchseiten hineinlegen und mit Heftklammern zusammentackern

Erwärmung: Blitzlesen

Hase, Korb, Nase, Eier, Eimer, Kuchen, suchen, Nest, Fest, bunt, gelb, braun, schwarz

Lehrer/in zeigt Wortkarten.

> Sch: lesen

Einstieg:

Lehrer/in hängt Bild „Hasenfamilie" an die Tafel (TA 1)

> Sch: äußern sich

> erzählen, das ist eine Hasenfamilie, Papa, Mama, zwei Kinder

Lehrer/in schreibt Überschrift an die Tafel: Das ist Familie Langohr. (TA 2)

Sch: lesen einzeln

lesen im Chor

Erarbeitung:

Lehrererzählung:

Die Familie Langohr lebt in einem kleinen Häuschen mitten im Wald. Sie haben es sehr gemütlich. Im Winter hatte es Familie Langohr schön warm. Sie hatten viel Zeit füreinander. Aneinandergekuschelt lauschten sie den Geschichten, die Mama Hase erzählte. Dann ist es Frühling geworden. Die Tage wurden länger und wärmer. Jetzt ist die gemütliche Zeit vorbei.

L: Vielleicht kannst du dir denken, warum die kuschelige, gemütliche Zeit vorbei ist.

Sch: vermuten

Lehrer/in schreibt an die Tafel (TA 3): Alle sind sehr fleißig.

Sch: lesen einzeln

lesen im Chor

L: Du kannst dir bestimmt denken, warum Familie Langohr jetzt so viel zu tun hat.

Sch: vermuten

L: Bald feiern wir Menschen ein Fest. Dafür haben die Hasen viel vorzubereiten.

Sch: Ostern

Lehrer/in heftet Bilderfolge an die Tafel (TA 4).

Sch: erzählen zu jedem Bild

Lehrer/in zeigt auf die Bilder.

L: Da stimmt doch etwas nicht.

Sch: äußern sich: die Bilder sind nicht in der richtigen Reihenfolge

ordnen die Bilder neu (TA 5)

erzählen die Geschichte zu den Bildern

Lehrer/in heftet die Satzstreifen an die Seitentafel (TA 6)

> Die Hasenmama packt die Eier in den Korb.

> Der Hasenpapa legt die Eier in die Osternester.

> Die Hasenkinder Toni und Froni malen die Eier bunt an.

> Bald ist Ostern. Mama Hase kocht schon die Eier.

Sch: lesen

     ordnen die Satzstreifen den entsprechenden Bildern zu (TA 7)

Bald ist Ostern. Mama Hase kocht schon die Eier.	Die Hasenkinder Toni und Froni malen die Eier bunt an.	Die Hasenmama packt die Eier in den Korb.	Der Hasenpapa legt die Eier in die Osternester.

Klären der Namen Toni und Froni: Mädchen und Junge

Lehrer/in klappt Tafel zu.

Sicherung:

L: Du bekommst jetzt von mir diese Geschichte als kleines Bilderbuch. Weil ihr aber so tolle Leser seid, dürft ihr aus dem Bilderbuch ein Geschichtenbuch herstellen. Du bekommst dazu kleine Satzstreifen. Ordne auch du die Sätze zu den passenden Bildern. Vorsicht! Es kann auch sein, dass falsche Sätze dabei sind, die du nicht brauchen kannst.

Lehrer/in verteilt Bilderbücher bzw. Bilderbuchvorlagen und Satzstreifen (Leseniveau 1, 2 und 3) an die Schüler.

     Sch: lesen

        legen die Satzstreifen der Reihe nach auf ihren Tisch

Kontrolle:

Die Schüler lesen der Reihe nach die Sätze vor und kontrollieren, ob ihre Satzfolge stimmt.

L: Manche haben noch mehr über die Familie Langohr erfahren, als an der Tafel steht.

     Sch: (Leseniveau 2 / 3) lesen die Sätze vor, die nicht an der Tafel stehen

        - Nun waschen sich die Hasenkinder im Bach.

        - Hasenpapa wandert mit dem Eierkorb über Felder und Berge.

        - Wer findet das Nest?

L: Klebe nun die Sätze zu den richtigen Bildern.

     Sch: kleben die Sätze zu den entsprechenden Bildern

L: Wer fertig ist, darf seine Geschichte dem Nachbarn vorlesen. Der passt gut auf, ob alles richtig ist.

     Sch: lesen in Partnerarbeit

L: Jetzt kannst du uns die ganze Geschichte vorlesen.

     Sch: lesen aus dem Geschichtenbuch vor.

L: Einige Sätze haben nicht gepasst.

Sch: Schüler (Leseniveau 3) lesen die Sätze vor, die nicht gepasst haben:

- Das ist Familie Nase.

- Die Hasenkinder malen den Eimer bunt an.

- Nun waschen sich die Hasenkinder im Bad.

- Der Hasenpapa legt die Eier in den Kochtopf.

- Die Hasenmama legt die Ostereier in den Kuchen.

L: Sicher möchtest du noch mehr über die Familie Hase erfahren. Dazu habe ich dir noch etwas aufgeschrieben. Lies und male es in dein Büchlein.

Lehrer/in verteilt Zusatzblatt:

Mama Hase hat ein rotes Kleid.

Der Kochtopf hat blaue Punkte.

Die Hasenkinder malen das Ei gelb an.

Froni hat eine lila Schleife auf dem Kopf.

Toni hat Hosenträger an.

Papa Hase verliert unterwegs Eier.

Papa Hase hat einen Hut auf.

Sch: lesen

vervollständigen die Bilder entsprechend

erzählen, was sie gemalt haben

kleben das Leseblatt in ihr Hasenbuch

evtl. Fertigstellen des Büchleins (siehe oben: Herstellung des Hasenbüchleins).

Ausblick:

L: Vielleicht kannst du dir vorstellen, wie die Geschichte weitergeht.

Sch: vermuten

Freies Schreiben:

Die Schüler schreiben und malen auf die folgenden freien Seiten ihre Geschichte zu Ende.

Gestaltungsidee:

Die Schüler gestalten den Einband ihres Hasenbüchleins selbst, z.B. durch Aufmalen oder Aufkleben von bunten Ostereiern.

Tafelbild

Das ist Familie Langohr

TA 2

TA 1

Alle sind sehr fleißig.

TA 3

Die Hasenmama packt die Eier in den Korb.

Der Hasenpapa legt die Eier in die Osternester.

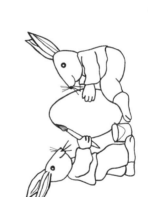

Die Hasenkinder Toni und Froni malen die Eier bunt an.

TA 4
(falsche Reihenfolge der Bilder)

TA 5

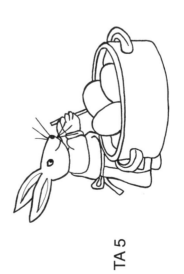

TA 7

Bald ist Ostern. Mama Hase kocht schon die Eier.

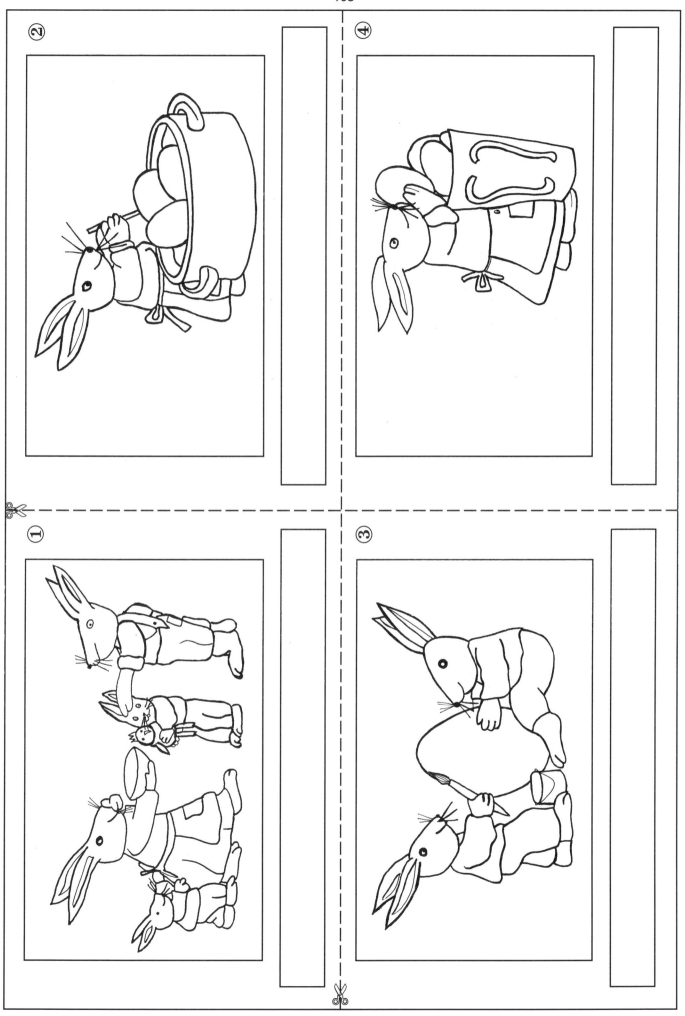

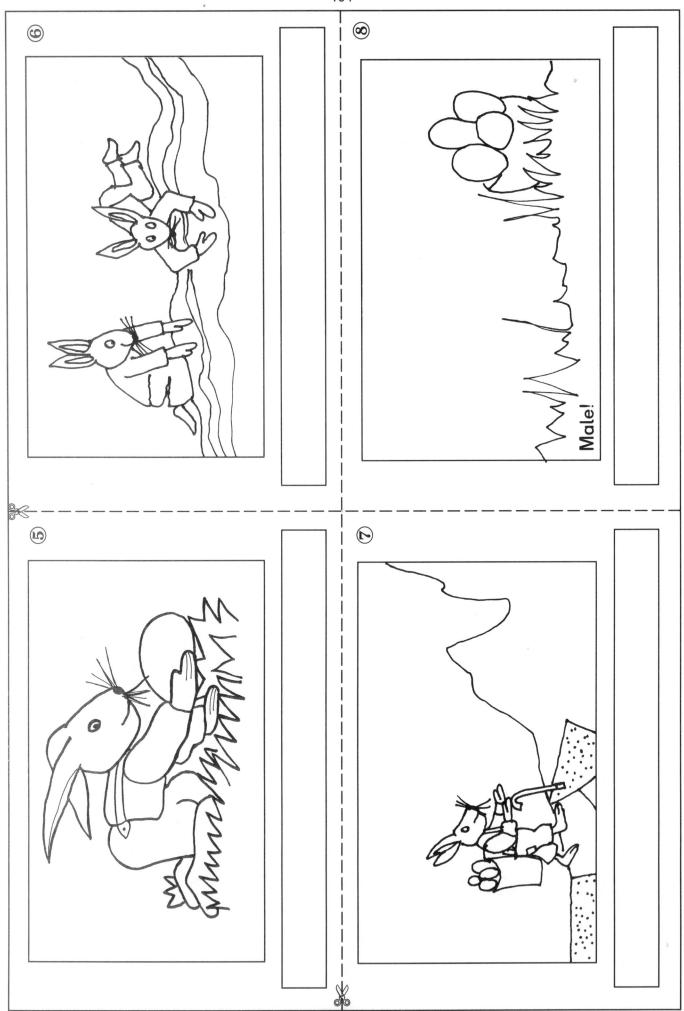

Male!

Leseniveau 1:

Die Hasenmama packt die Eier in den Korb.

Bald ist Ostern. Mama Hase kocht schon die Eier.

Die Hasenkinder Toni und Froni malen die Eier bunt an.

Der Hasenpapa legt die Eier in die Osternester.

Das ist Familie Langohr.

Leseniveau 2:

Die Hasenmama packt die Eier in den Korb.

Hasenpapa wandert mit dem Korb über Felder und Berge.

Bald ist Ostern. Mama Hase kocht schon die Eier.

Wer findet das Nest?

Die Hasenkinder Toni und Froni malen die Eier bunt an.

Der Hasenpapa legt die Eier in die Osternester.

Das ist Familie Langohr.

Nun waschen sich die Hasenkinder im Bach.

Leseniveau 3:

Das ist die Familie Nase.

Hasenpapa wandert mit dem Korb über Felder und Berge.

Die Hasenkinder malen den Eimer bunt an.

Die Hasenkinder Toni und Froni malen die Eier bunt an.

Wer findet das Nest?

Nun waschen sich die Hasenkinder im Bad.

Die Hasenmama packt die Ostereier in den Korb.

Nun waschen sich die Hasenkinder im Bach.

Der Hasenpapa legt die Eier in den Kochtopf.

Der Hasenpapa legt die Eier in die Osternester.

Bald ist Ostern. Mama Hase kocht schon die Eier.

Das ist Familie Langohr. Alle sind sehr fleißig.

Die Hasenmama packt die Ostereier in den Kuchen.

Die Befreiung des kleinen Indianers
Koautorin: Birgit Plietzsch

Vorbereitung:

* Einstiegsbild für das Tafelbild kopieren

* eine Flasche für die Flaschenpost mitbringen

* Brief der Flaschenpost auf Folie kopieren und in die Flasche stecken

* differenzierte Lesetexte 1 und 2 in Anzahl der Schüler kopieren

* Tafelbilder kopieren

* Häuptling, Beil entsprechend der Beschreibung ausmalen

Einstieg:

Lehrer/in zeigt Einstiegsbild

      Sch: äußern sich

Lehrererzählung:

Im Dorf der Apachen ist große Trauer ausgebrochen. Der kleine Sohn des Indianerhäuptlings vom Stamm der Apachen, „Rote Feder", wurde entführt. Die Frauen im Dorf weinen, besonders die Mutter von „Roter Feder". Der kriegerische Stamm der Sioux hatte das Kriegsbeil ausgegraben und den kleinen Indianer „Rote Feder" mitgenommen. Sein Vater, der der Häuptling „Schwarze Feder" will alles tun, um ihn wiederzufinden. Überall haben sie gesucht, aber ohne Erfolg. Doch eines Tages findet der Häuptling „Schwarze Feder" eine Flaschenpost im Fluss.

Lehrer/in zeigt Flaschenpost, zieht Folie aus der Flasche und legt sie auf den OHP.

Sch: mehrere Schüler lesen die Flaschenpost vor

    erkennen, dass die Flaschenpost von dem Indianerjungen ist

    erzählen, dass der Indianerjunge im Tal der Toten von einem anderen Indianerstamm, den Sioux gefangengehalten wird

evtl. Sioux beschreiben lassen

Zielangabe:

L: Du darfst heute mithelfen, den kleinen Indianerjungen zu befreien. Dazu musst du genau herausfinden, wie wir zu seinem Versteck kommen.

Erarbeitung:

L: Bevor wir ins Tal der Toten reiten, musst du erst den Indianergruß kennen. Mach einfach mit.

Beschreibung des Indianergrußes.

>   Sch: sprechen Indianergruß mit
>
>   führen entsprechende Handbewegungen / Gesten mit
>
>   rhythmisieren die Sprache durch begleitendes Klopfen

Textbegegnung 1:

L: In einem Indianerbuch kannst du nachlesen, was man über den Stamm der Sioux und dem Tal der Toten wissen muss. Lies es dir leise durch.

Lehrer/in verteilt differenzierte Leseblätter des Leseblattes 1.

>   Sch: lesen Lesetext 1

Gruppe 1:

Das Tal ist gefährlich!

Du brauchst ein Kriegsbeil.

Du brauchst eine Karte.

Du musst wissen, wer der

Indianerhäuptling ist.

Er ist besonders gefährlich.

Gruppe 2:

Was brauchst du für das Tal der Toten?

Vorsicht! Das Tal der Toten ist gefährlich.

Gehe heimlich in das Tal. Keiner darf

dich sehen.

Du brauchst dazu das Kriegsbeil der

Sioux.

Es ist ihr geheimes Zeichen.

Mit dem richtigen Beil wird man dich nicht erkennen.

Du brauchst eine Landkarte, damit du den Weg findest.

Du musst wissen, wie der Indianerhäuptling aussieht.

Er ist besonders gefährlich. Du musst ihn sofort erkennen können.

>   Sch: tragen zusammen, was sie alles benötigen bzw. beachten müssen
>
>   - wir brauchen ein Indianerbeil
>
>   - wir brauchen eine Landkarte
>
>   - wir müssen wissen, wie der Indianerhäuptling aussieht, denn der ist am gefährlichsten
>
>
>   Sch: lesen die zwei Versionen von Lesetext 1 laut vor

L: Ich muss ganz sicher sein, dass du den Indianergruß noch kannst.

>   Sch: klopfen und sprechen den Indianergruß

Textbegegnung 2:

L: Die zweite Geheimnachricht verrät dir mehr über das Indianerbeil, die Karte oder den Indianerhäuptling. Jede Gruppe erhält eine andere Seite aus dem Indianerbuch. Lest sie euch leise durch.

Lehrer/in teilt die Klasse in eine rote, blaue und eine grüne Gruppe ein.

L: Die Kinder mit der roten Geheimnachricht können uns das richtige Kriegsbeil heraussuchen.

Die Kinder mit der blauen Geheimnachricht wissen, welcher der gefährliche Indianerhäuptling ist.

Die Kinder mit der grünen Nachricht finden den Weg zum Versteck des kleinen Indianerjungen.

Lehrer/in verteilt differenzierte Lesetexte 2:

Rote Gruppe 1:

Das Kriegsbeil der Indianer

Es hat einen gelben Mond.

Es hat einen gelben Stern.

Es hat eine rote Feder.

Es hat ein grünes und ein blaues Band.

Rote Gruppe 2:

Wie sieht das richtige Kriegsbeil der Indianer aus?

Du musst genau aufpassen.

Viele Beile sehen wie Indianerbeile aus, aber nur eines ist das Richtige.

Die Indianer vom Tal der Toten haben einen gelben Mond und einen gelben Stern auf ihrem Beil.

Aber an dem Beil ist noch mehr zu sehen.

Am richtigen Beil steckt eine rote Feder.

Um den Griff sind zwei Bänder gewickelt.

Das eine ist blau und das andere ist grün.

Blaue Gruppe 1:

Der Häuptling der Sioux

Er hat eine braune Hose.

Er hat Pfeil und Bogen.

Er hat eine Kette um den Hals.

Das Gesicht ist bemalt.

Er hat eine Glatze.

Er hat drei rote Federn am Kopf.

Blaue Gruppe 2:

Der Indianerhäuptling der Sioux

Der Häuptling der Sioux trägt eine braune Hose aus Leder.

In seinen Händen hält er Pfeil und Bogen.

An seiner Halskette hängt ein langer spitzer Zahn.

Das Gesicht ist rot und schwarz bemalt.

Er hat keine Haare, sondern eine Glatze.

An seinem Stirnband sind drei rote Federn befestigt.

Grüne Gruppe 1:

Der Weg zur Höhle

Dein Weg beginnt unten an der Pflanze.

Laufe an den Gräbern der Toten vorbei.

Gehe über die Hängebrücke.

Gehe bis zum See.

Fahre mit dem Kajak auf die andere Seite.

Laufe am Büffel vorbei.

So kommst du an der richtigen Höhle an.

Grüne Gruppe 2:

Der Weg zur Höhle

Dein Weg beginnt unten am Kaktus.

Du läufst an den Totengräbern vorbei.

Jetzt gehst du langsam über die Hängebrücke.

Gehe weiter bis zum See.

Dort steht ein Kajak. Nimm das Kajak und rudere über den See.

Schleiche nun vorsichtig am Büffel vorbei.

Endlich stehst du vor einer Höhle. Es ist die richtige Höhle.

Gruppenarbeit:

Sch: erarbeiten den Arbeitsauftrag aufgrund der Textinformation

Zusammentragen der Ergebnisse:

Sch: stellen ihre Arbeitsergebnisse vor

lesen abwechselnd satzweise aus ihrer Gruppenarbeit ein Beschreibungsmerkmal vor

Lehrer/in heftet die vier Kriegsbeile, die vier Indianerhäuptlinge und die Karte an die Tafel.

X

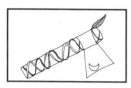 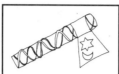 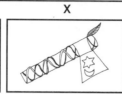 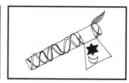

X

Sch: der anderen Gruppen vergleichen die Aussagen mit dem Bildmaterial finden das richtige Beil, den richtigen Indianerhäuptling und Weg zur richtigen Höhle, wo sich der kleine Indianersohn „Rote Feder" befindet.

Bewegungsphase:

L: Jetzt sind wir bereit für die Befreiung. Zeig noch einmal schnell den Indianergruß.

Sch: sprechen und klopfen den Indianergruß mit entsprechender Bewegung.

L: Wir können losgehen. Wenn du auf die Karte siehst, dann weißt du, wo der Weg beginnt.

Sch: beim Kaktus

L: Stell dich hinter deinen Stuhl. Du darfst den Weg bis zur Höhle mitgehen.

Sch: gehen an den Totenköpfen vorbei

balancieren über die Hängebrücke

rennen zum Kajak

rudern über den See

schleichen am Büffel vorbei

kriechen durch die Höhle

L: Endlich haben wir den Indianerjungen „Rote Feder" gefunden. Damit er auch uns erkennt, müssen wir ihm noch einmal den Indianergruß zeigen. Zu Hause wird der Indianerjunge mit einem Freudentanz empfangen.

Gemeinsames Singen des Indianerliedes, evtl. Tanz

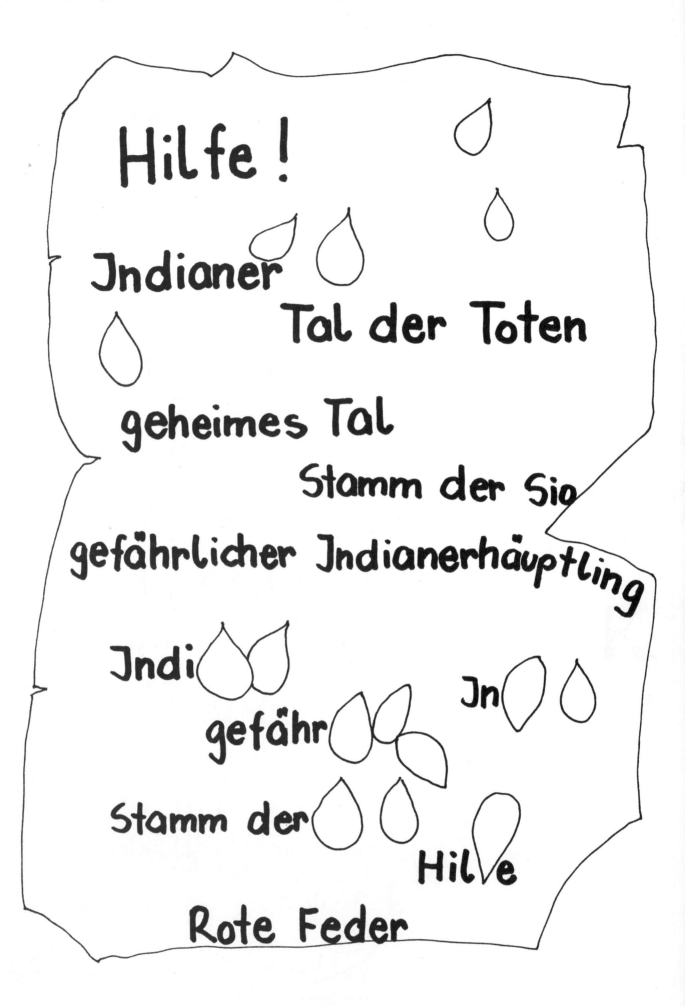

Hilfe !

Indianer

Tal der Toten

geheimes Tal

Stamm der Sio

gefährlicher Indianerhäuptling

Indi

gefähr

In

Stamm der

Hilfe

Rote Feder

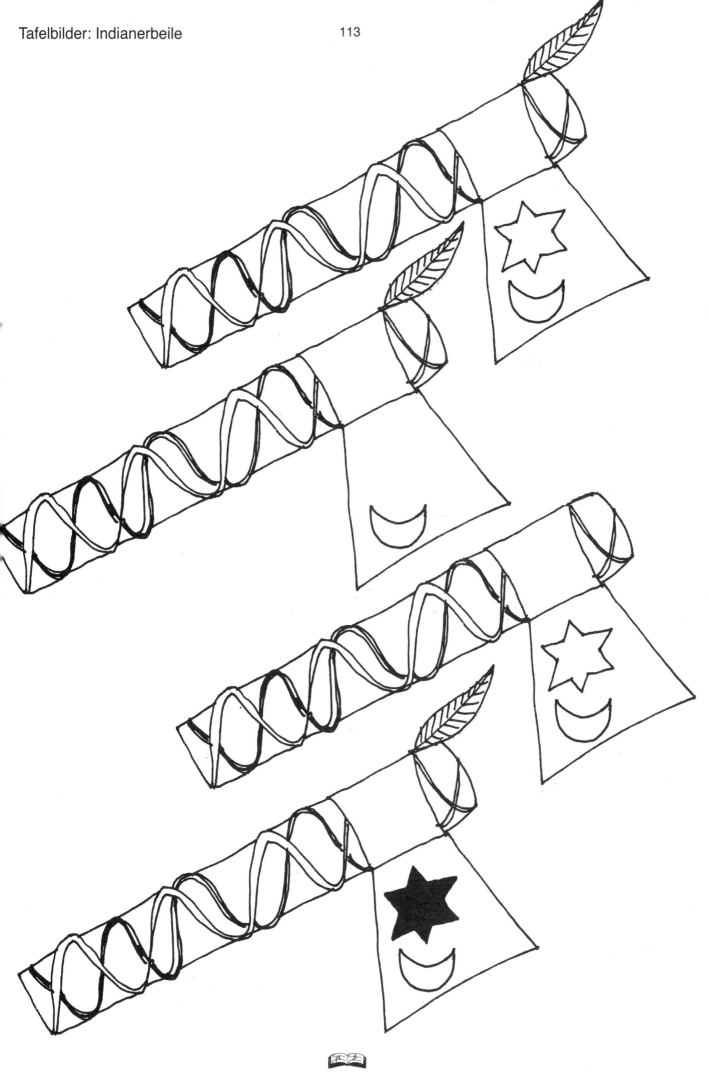

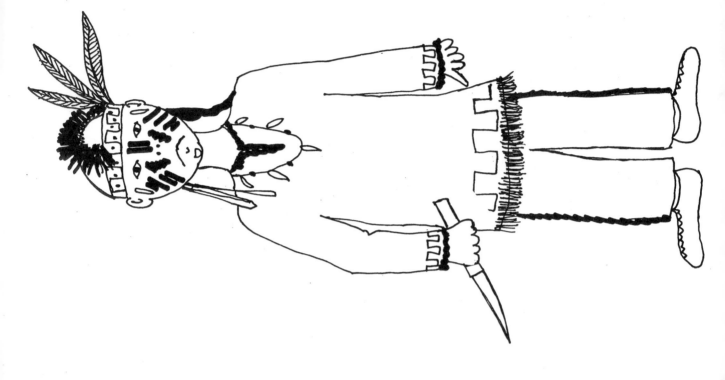

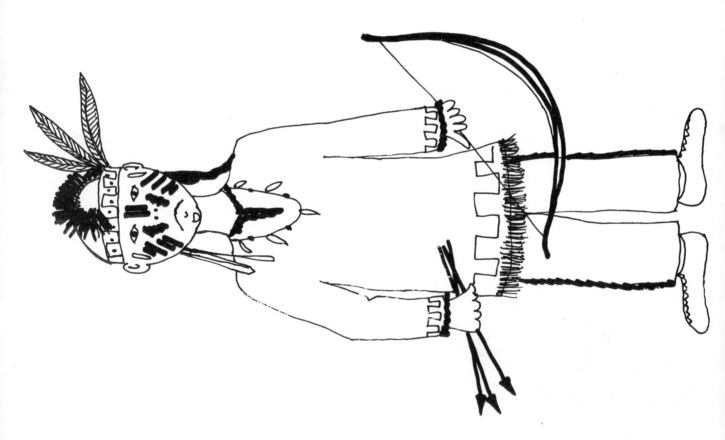

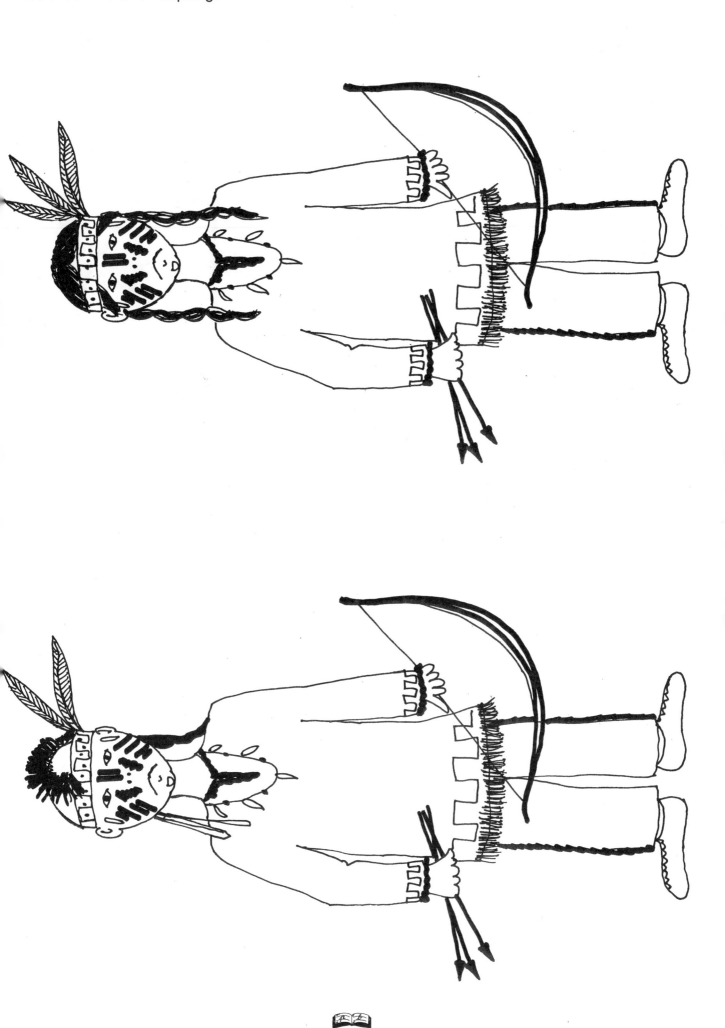

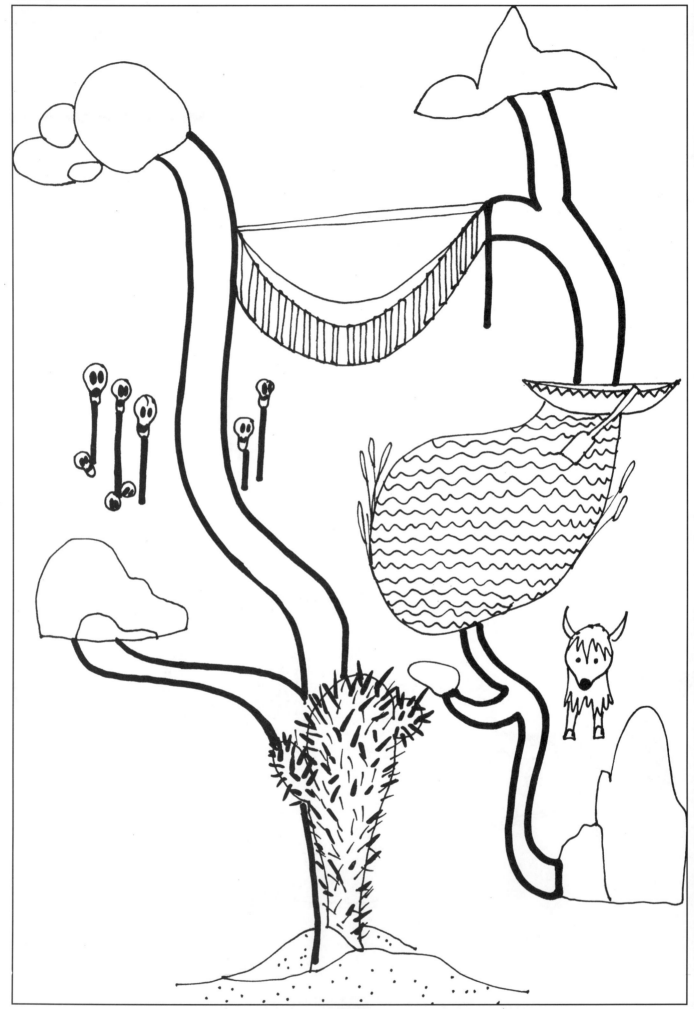

Gruppe 1:

Das Tal ist gefährlich!

Du brauchst ein Kriegsbeil.

Du brauchst eine Karte.

Du musst wissen, wer der Indianerhäuptling ist.

Er ist besonders gefährlich.

Gruppe 2:

Was brauchst du für das Tal der
Toten?

Vorsicht! Das Tal der Toten ist
gefährlich.

Gehe heimlich in das Tal. Keiner darf
dich sehen.

Du brauchst dazu das Kriegsbeil der
Sioux.

Es ist ihr geheimes Zeichen.

Mit dem richtigen Beil wird man
dich nicht erkennen.

Du brauchst eine Landkarte, damit du den Weg findest.

Du musst wissen, wie der Indianerhäuptling aussieht.

Er ist besonders gefährlich. Du musst ihn sofort erkennen
können.

Rote Gruppe 1:

Das Kriegsbeil der Indianer

Es hat einen gelben Mond.

Es hat einen gelben Stern.

Es hat eine rote Feder.

Es hat ein grünes und ein blaues Band.

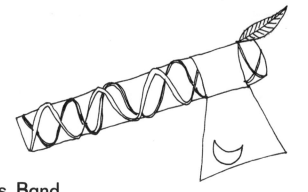

Rote Gruppe 2:

Wie sieht das richtige Kriegsbeil der Indianer aus?

Du musst genau aufpassen.

Viele Beile sehen wie Indianerbeile aus, aber nur eines ist das Richtige.

Die Indianer vom Tal der Toten haben einen gelben Mond und einen gelben Stern auf ihrem Beil.

Aber an dem Beil ist noch mehr zu sehen.

Am richtigen Beil steckt eine rote Feder.

Um den Griff sind zwei Bänder gewickelt.

Das eine ist blau und das andere ist grün.

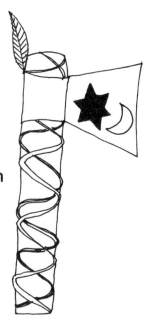

Blaue Gruppe 1:

Der Häuptling der Sioux

Er hat eine braune Hose.

Er hat Pfeil und Bogen.

Er hat eine Kette um den Hals.

Das Gesicht ist bemalt.

Er hat eine Glatze.

Er hat drei rote Federn am Kopf.

Blaue Gruppe 2:

Der Indianerhäuptling der Sioux

Der Häuptling der Sioux trägt eine braune Hose
aus Leder.

In seinen Händen hält er Pfeil und Bogen.

An seiner Halskette hängt ein langer spitzer Zahn.

Das Gesicht ist rot und schwarz bemalt.

Er hat keine Haare, sondern eine Glatze.

An seinem Stirnband sind drei rote Federn befestigt.

Grüne Gruppe 1:

Der Weg zur Höhle

Dein Weg beginnt unten an der Pflanze.

Laufe an den Gräbern der Toten vorbei.

Gehe über die Hängebrücke.

Gehe bis zum See.

Fahre mit dem Kajak auf die andere Seite.

Laufe am Büffel vorbei.

So kommst du an der richtigen Höhle an.

Grüne Gruppe 2:

Der Weg zur Höhle

Dein Weg beginnt unten am Kaktus.

Du läufst an den Totengräbern vorbei.

Jetzt gehst du langsam über die Hängebrücke.

Gehe weiter bis zum See.

Dort steht ein Kajak. Nimm das Kajak und rudere über den See.

Schleiche nun vorsichtig am Büffel vorbei.

Endlich stehst du vor einer Höhle. Es ist die richtige Höhle.

Sprache untersuchen: Der kleine Pirat

Vorbereitung:

* Tafelbild „Hut" kopieren und ausschneiden

* Tafelbild „kleiner Pirat" kopieren und ausschneiden

* Brief des kleinen Piraten auf Folie kopieren

* Arbeitsblatt in Anzahl der Schüler kopieren

* die Übungsblätter für die Folgestunden oder als Hausaufgabe in Schüleranzahl kopieren

Einstieg:

Lehrer/in zeigt Tafelbild „Hut".

       Sch: vermuten, wem der Hut gehören könnte

Lehrer/in heftet den kleinen Piraten unter den Hut.

       Sch: beschreiben: das ist ein Junge

          der Hut ist viel zu groß

          das ist ein kleiner Pirat

L: Wo der kleine Pirat wohl lebt und was er wohl so tut?

       Sch: vermuten

Erarbeitung:

Lehrererzählung:

Der kleine Pirat fährt alleine mit seinem Schiff auf dem weiten Meer. Außer ihm ist niemand am Bord. Beim letzten Überfall wurde die ganze Besatzung und sein Vater gefangen genommen und eingesperrt. Nur der kleine Pirat wurde nicht verhaftet. Er hatte sich in einer Kiste versteckt. Nun ist der kleine Pirat ganz alleine unterwegs, um andere Schiffe auszurauben.

L: Vielleicht hast du eine Idee, wie er das macht.

       Sch: vermuten

L: Doch immer wenn der kleine Pirat ein fremdes Segelschiff überfällt und ruft: „Geld her oder Leben!" hat niemand Angst vor ihm. Du kannst dir bestimmt denken, warum.

Sch: vermuten

er ist zu klein

er ist alleine

er sieht nicht furchterregend aus

er ist nicht stark genug

L: Alle lachen ihn aus und so segelt er jedes Mal ohne Beute weiter. Verzweifelt schreibt er einen Brief an seinen Vater.

Lehrer/in zeigt den Brief des kleinen Piraten und legt ihn auf den OHP.

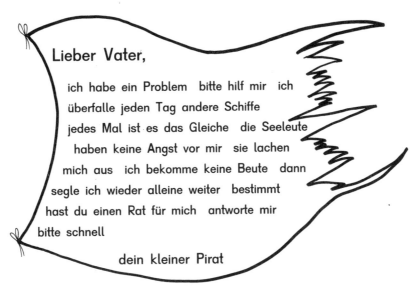

Lieber Vater,

ich habe ein Problem bitte hilf mir ich überfalle jeden Tag andere Schiffe jedes Mal ist es das Gleiche die Seeleute haben keine Angst vor mir sie lachen mich aus ich bekomme keine Beute dann segle ich wieder alleine weiter bestimmt hast du einen Rat für mich antworte mir bitte schnell

dein kleiner Pirat

Sch: lesen vor

L: Du hast bemerkt, dass sich der Brief schwer lesen lässt. Der kleine Pirat hat nämlich beim Schreiben etwas falsch gemacht.

Sch: der kleine Pirat hat die Punkte vergessen

L: Du kannst dem kleinen Piraten helfen, den Brief richtig zu schreiben, damit ihn sein Papa besser lesen kann.

Wer genau hinsieht, erkennt, wo ein Punkt fehlt.

Sch: da sind Lücken

L: Wer beim Vorlesen genau hinhört, kann auch hören, wo ein Punkt fehlt.

Lehrer/in liest den Text vor.

Sch: da ist eine Pause

Lehrer/in oder ein guter Leser trägt den Text erneut vor. In der Pause (Punkt) klatschen alle.

L: Jetzt kannst du den Brief des kleinen Piraten verbessern und die Punkte einsetzen.

Sch: setzen die Punkte an der Folie ein

L: So, jetzt hat der kleine Pirat alles richtig gemacht. Nun kann er den Brief an seinen Vater wegschicken.

Sch: protestieren

da sind noch Fehler

nach einem Punkt schreibt man groß weiter

L: Du kannst dem kleinen Piraten nun auch die letzten Fehler verbessern.

Sch: verbessern Fehler an der Folie

Lehrer/in schreibt Merksatz an die Tafel.

Am Satzende steht ein Punkt. Danach schreiben wir immer groß weiter.

Sch: lesen den Merksatz vor

Sicherung:

Lehrer/in verteilt Arbeitsblatt.

Sch: übertragen den Merksatz auf das Arbeitsblatt

tragen die Punkte ein

schreiben die Wörter nach den Punkten groß

Übungsblätter:

1. Übungsblatt:

So überfällt der kleine Pirat die Schiffe

2. Übungsblatt:

Der kleine Pirat

Schreibanlass:

Gemeinsames Überlegen, was der kleine Pirat falsch macht. Die Schüler schreiben anschließend für den Vater die Antwort.

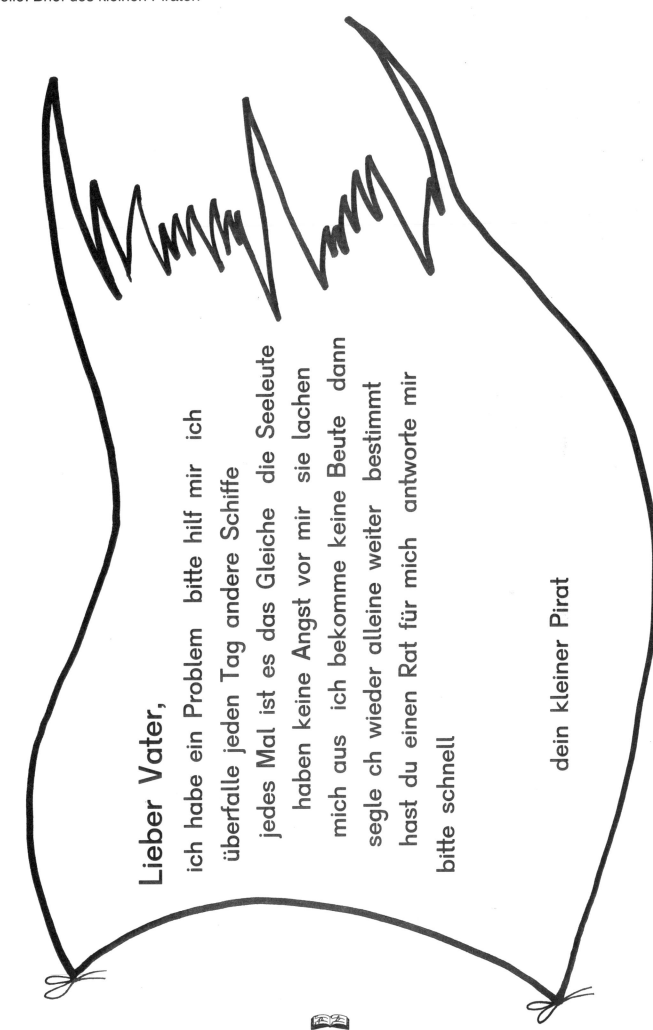

Lieber Vater,

ich habe ein Problem bitte hilf mir ich

überfalle jeden Tag andere Schiffe

jedes Mal ist es das Gleiche die Seeleute

haben keine Angst vor mir sie lachen

mich aus ich bekomme keine Beute dann

segle ich wieder alleine weiter bestimmt

hast du einen Rat für mich antworte mir

bitte schnell

dein kleiner Pirat

Name:

Das merke ich mir:

Lieber Vater,

ich habe ein Problem   bitte hilf mir   ich

überfalle jeden Tag andere Schiffe

jedes Mal ist es das Gleiche   die Seeleute

haben keine Angst vor mir   sie lachen

mich aus   ich bekomme keine Beute   dann

segle ich wieder alleine weiter   bestimmt

hast du einen Rat für mich   antworte mir

bitte schnell

dein kleiner Pirat

Wo fehlt ein Punkt?
Denke an die Satzanfänge!

Name:

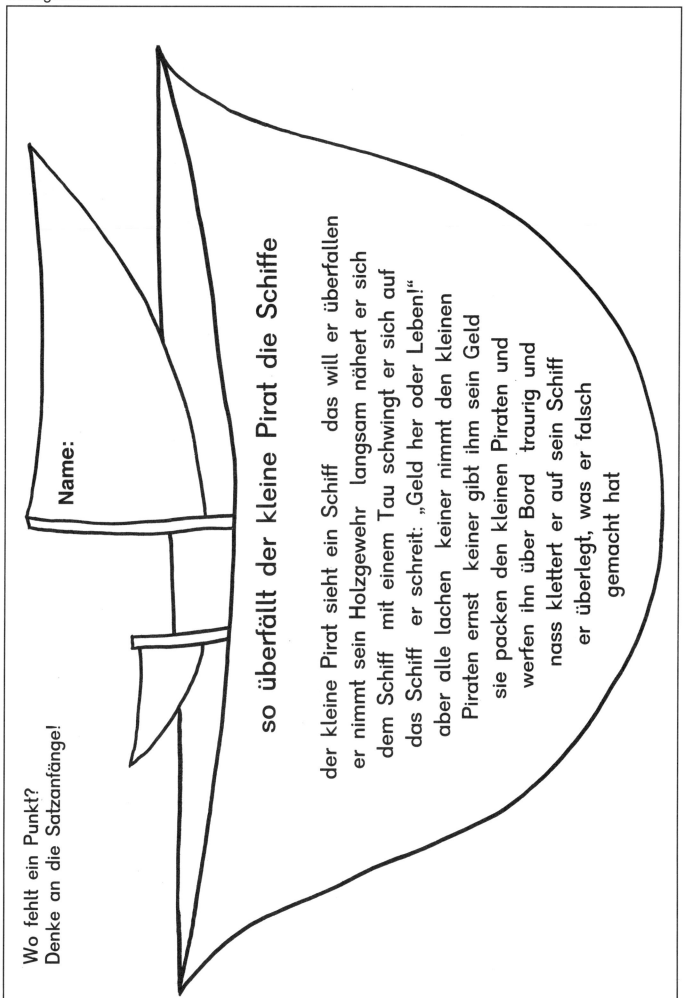

so überfällt der kleine Pirat die Schiffe

der kleine Pirat sieht ein Schiff   das will er überfallen
er nimmt sein Holzgewehr langsam nähert er sich
dem Schiff mit einem Tau schwingt er sich auf
das Schiff er schreit: „Geld her oder Leben!"
aber alle lachen keiner nimmt den kleinen
Piraten ernst keiner gibt ihm sein Geld
sie packen den kleinen Piraten und
werfen ihn über Bord traurig und
nass klettert er auf sein Schiff
er überlegt, was er falsch
gemacht hat

Name:

Der kleine Pirat

- ⚀ kleine ist Pirat Der alt. sechs Jahre
- ⚁ Meter groß. Er einen ist
- ⚂ aus ist Sein Holz. Gewehr
- ⚃ Auf ein Papagei fährt seinem Schiff mit.
- ⚄ Nudeln. isst Er gerne
- ⚅ im Vater sitzt Sein Gefängnis.

Kannst du die Wörter zu Sätzen zusammensetzen?

⚀

⚁

⚂

⚃

⚄

⚅

Sprache untersuchen: Der Überfall

Vorbereitung:

* Bild des überwältigten Schiffes auf Folie kopieren

* Wortkarten zu den Namenwörtern schreiben: Kapitän, Kind, Koch, Frau, Pistole, Säbel, Schatztruhe, Eimer, Besen, Palme, Kaktus, Katze, Hund, Affe

* bunte Folie zur Hervorhebung der Anfangsbuchstaben auf den Wortkarten

* Arbeitsblatt „Schatztruhe" für die Hausaufgabe in Anzahl der Schüler kopieren

Anknüpfung:

Lehrererzählung:

Als der Vater des kleinen Piraten den Brief seines Sohnes erhalten hatte, nahm er die nächste
Möglichkeit wahr, um aus dem Gefängnis auszubrechen. Mit einem Floß ruderte er über das
weite Meer. Nach einigen Wochen schloss er endlich seinen kleinen Piraten in die Arme, der
gerade auf seinem Schiff in der Hängematte lag. Welch eine Freude. Nun konnten sie gemeinsam fremde Schiffe überfallen und ausrauben. Es dauerte nicht lange, bis das erste Schiff in
Sicht war. Der Vater des kleinen Piraten wusste sofort, was zu tun war: die Piratenflagge zu
hissen, die Kanonen in Stellung zu bringen, zu laden und abzufeuern.

Erarbeitung:

L: Du kannst dir vorstellen, wie die Geschichte weitergeht.

      Sch: vermuten

Lehrer/in zeigt Folie des anderen Schiffes.

      Sch: beschreiben

          die Mannschaft lässt die Waffen fallen

          die Mannschaft ergibt sich

L: Du hast Recht. Die Mannschaft des anderen Schiffes ergab sich vor Schreck sofort. Der
      kleine Pirat und sein Vater schwangen sich auf das gekaperte Schiff und schauten sich
      genau um.

      Auch du kannst viele Dinge auf dem Schiff sehen.

      Sch: beschreiben

          Kapitän, Affe, Kind, Kaktus, Säbel, Koch, Frau, Pistole, Eimer, Palme, Besen,
          Katze, Schatztruhe, Hund

Lehrer/in / Schüler hängt / hängen Wortkarten an die Tafel.

      Sch: lesen nochmals die Wortkarten

L: Diese Wörter haben alle etwas gemeinsam.

      Sch: vermuten

Lehrer/in markiert die Anfangsbuchstaben der Namenwörter mit bunter Folie.

> Sch: alle Wörter werden groß geschrieben

L: Menschen, Tiere, Pflanzen und Dinge haben einen Namen. Sie heißen Namenwörter. Namenwörter schreiben wir groß.

Lehrer/in schreibt diesen Merksatz an die Tafel.

L: Du kannst diese Wörter sicher nach Menschen, Tieren, Pflanzen und Dingen ordnen.

> Sch: ordnen die Wortkarten an der Tafel

Gruppenarbeit:

L: Überlege dir in deiner Gruppe noch mehr Namenwörter für Menschen, Tiere, Pflanzen und Dinge.

> Sch: arbeiten in Gruppenarbeit
>
> Gruppe 1: Menschen
>
> Gruppe 2: Tiere
>
> Gruppe 3: Pflanzen
>
> Gruppe 4: Dinge
>
> schreiben ihre Ergebnisse auf den Block

Hefteintrag:

Die Schüler übertragen die Tafelanschrift in ihr Heft und markieren die Anfangsbuchstaben der Wörter farbig.

Menschen, Tiere, Pflanzen und Dinge haben einen Namen. Sie heißen Namenwörter. Namenwörter schreiben wir groß.

Menschen: Kapitän, Koch, Frau, Kind

Tiere: Katze, Hund, Affe

Pflanzen: Palme Kaktus

Dinge: Eimer, Besen, Säbel, Pistole, Schatzkiste

Hausaufgabe:

L: Zum Schluss entdecken der kleine Pirat und sein Papa eine Schatztruhe. Male und schreibe in die Schatztruhe, was sie darin finden.

> Sch: erhalten Arbeitsblatt Schatztruhe
>
> kleben die Schatztruhe ins Heft
>
> malen in die Schatztruhe die Schätze
>
> schreiben darunter die Namenwörter

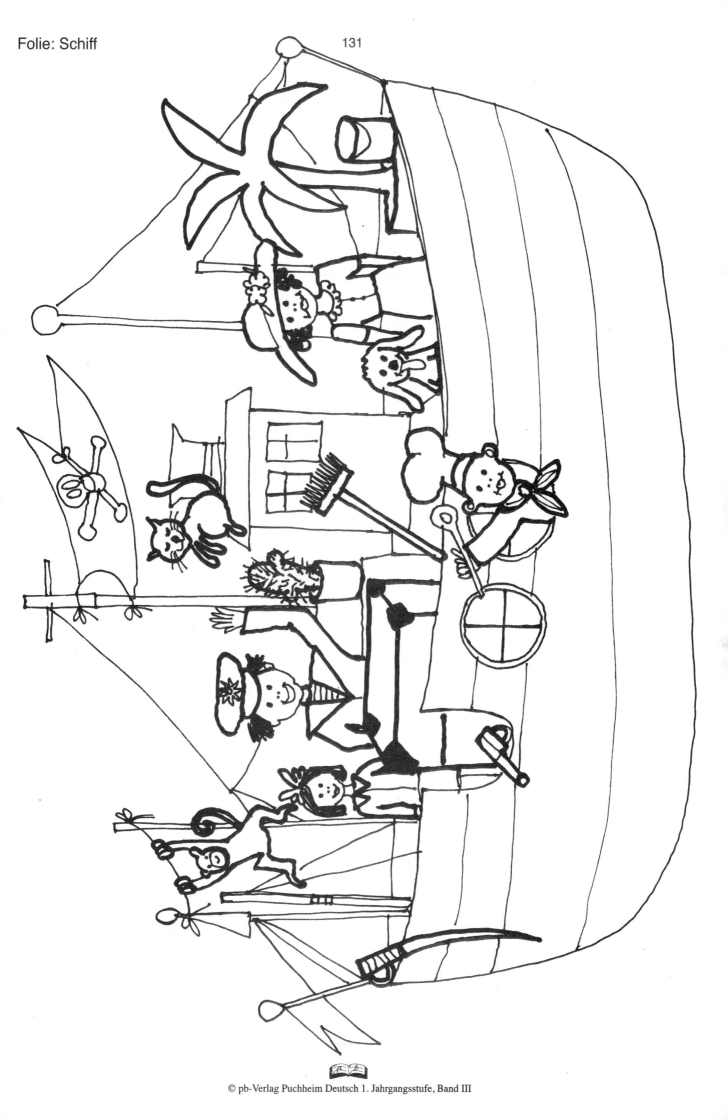

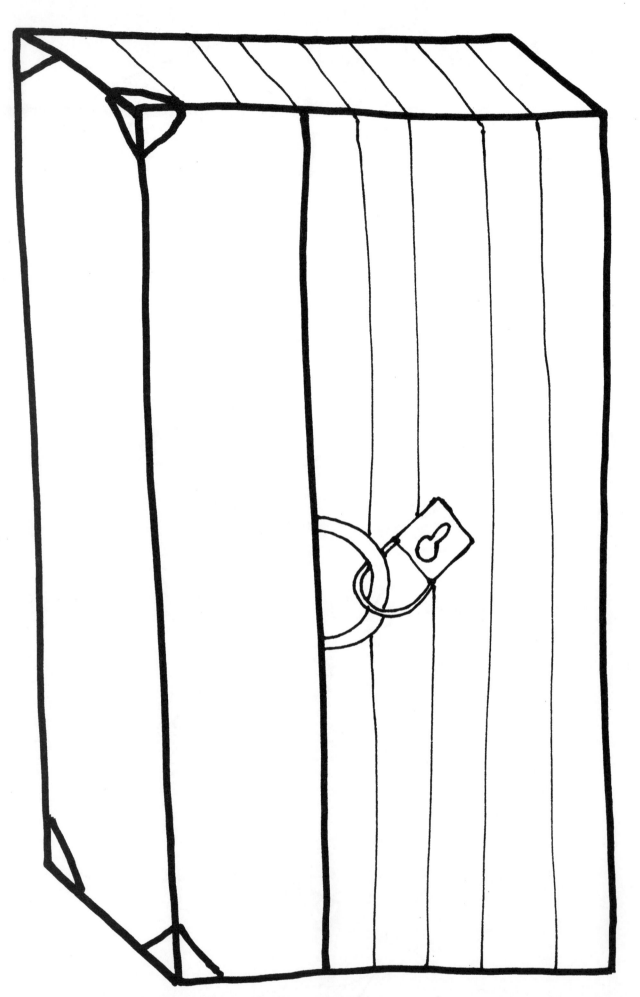

Male und schreibe in die Schatztruhe, was sie darin finden!

Name:

Namenwörter haben Begleiter

Welche Namenwörter findest du im Bild oben?
Ordne sie den richtigen Begleitern zu!

der	**die**	**das**

Name:

Einzahl und Mehrzahl

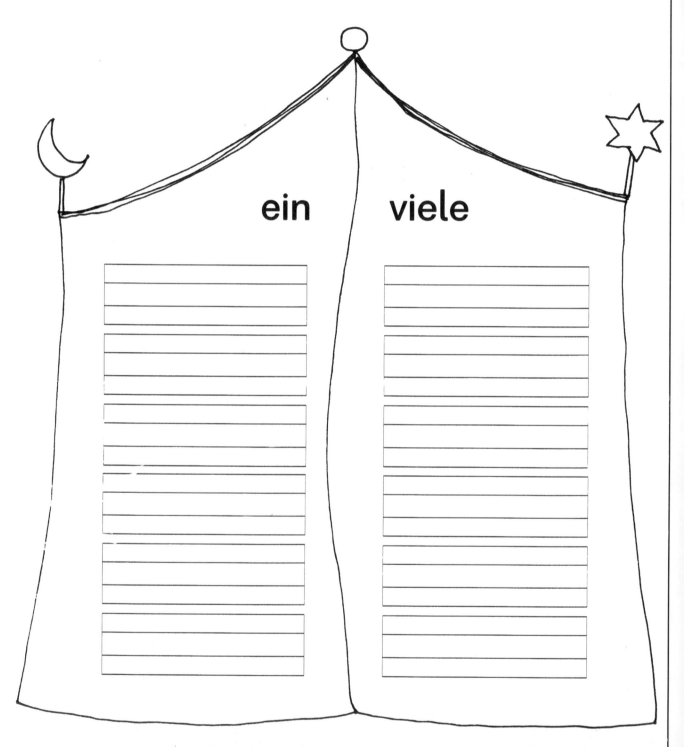

ein   viele

Im Zirkus treten viele Tiere auf. Schreibe die Einzahl und Mehrzahl nebeneinander!

Elefant - Tiger - Löwe - Pferd - Kamel - Zebra - Seehund

Sport: Otto feiert ein Zirkusfest

Vorbereitung:

* Bild von Otto kopieren

* Kiste mit Tüchern bereitstellen

* Musik für die Erwärmung und für das Stationentraining

Hinführung:

Sitzkreis:

Lehrer/in zeigt Otto.

  Sch: äußern sich

Lehrererzählung:

Otto ist mit dir weit gereist, hat mit dir alle Buchstaben gelernt und genügend Tiere für seinen Zirkus gefunden. Er ist nun am Ende seiner Reise. Als er die Heimfahrt mit seinem langen Zug beginnt, winken ihm die Menschen, die ihm begegnen, zu.

Erwärmung:

Lehrer/in stellt Kiste mit Tüchern in den Sitzkreis.

  Sch: äußern sich

   Die Menschen winken mit Tüchern.

L: Du darfst Otto auch zuwinken. Wer ein Tuch hat, stellt sich hin und winkt.

  Sch: jeder Schüler nimmt sich ein Tuch

   winken

L: Otto fährt los. Die Menschen laufen mit und winken.

  Sch: laufen und winken mit Tüchern zur Musik

L: Und sie winken mit der anderen Hand.

  Sch: winken mit der anderen Hand

L: Jetzt hüpfen die Menschen vor Freude und winken.

  Sch: hüpfen und winken

L: Wer kann wie die Leute das Tuch hochwerfen und fangen?

  Sch: werfen und fangen das Tuch

L: Dann finden sich immer zwei Kinder. Sie fassen sich an den Händen, laufen und winken mit der anderen Hand Otto nach.

        Sch: laufen zu zweit und winken

L: Als Otto weggefahren ist, setzen viele Leute ihren Hut auf.

        Sch: setzen Tuch als Hut auf

L: Die Menschen verabschieden sich, wobei der Hut vom Kopf fällt.

        Sch: gehen durch die Turnhalle, verbeugen sich

Hauptteil:

Sitzkreis:

Schüler legen die Tücher wieder in die Kiste.

Lehrererzählung:

L: Otto ist zu Hause angekommen und möchte zur Feier des Tages ein Zirkusfest feiern. Dazu lädt sich Otto viele Künstler ein. Zuvor muss Otto aber mit seinen Helfern die Stationen für das Fest aufbauen. Du kannst ihm dabei helfen.

        Sch: bauen die 6 Stationen nach Anweisung des Lehrers / der Lehrerin auf

siehe Geräteplan

Sitzkreis:

L: Vor dem Fest erklären die Artisten dem Otto, was sie den Zuschauern zeigen wollen.

Station 1:

Die Kletterkünster der Station 1 steigen ganz hoch, klettern über die Sprossenwände und rutschen herunter. Die Kletterkünstler beachten dabei, dass der nächste erst klettern darf, wenn der Vordermann auf der Rutsche ist.

        Sch: machen vor

Station 2:

Bei der nächsten Station treten Jongleure auf. Die einen können mit zwei Tüchern, die anderen mit drei Tüchern jonglieren. Manche können das auch im Sitzen.

        Sch: machen vor

Station 3:

An der nächsten Station fahren die Pedalokünster. Da das sehr gefährlich ist, hält ein Partner den Künster an der Hand. Dieser fährt bis zum Kegel, steigt ab, dreht um und lässt den anderen zurückfahren.

        Sch: machen vor

Station 4:

Der Balancierkünstler steigt vom Kasten auf den Steg und balanciert über den wackligen Steg. Manche Künstler können es besonders gut und legen sich dabei ein Sandsäckchen auf den Kopf. Wichtig ist, dass immer nur ein Künstler auf dem Steg ist.

Sch: machen vor

Station 5:

Die Stelzenläufer laufen so um die Kegel, dass kein Kegel umfällt.

Sch: machen vor

Station 6:

Die Rollbrettfahrer liegen mit dem Bauch auf dem Rollbrett, fahren durch den Tunnel und außen wieder zurück. Dass Rollbrettfahren ist aber viel schwieriger, als es aussieht. Man muss sich seitlich mit den Händen anschubsen, sonst fährt man sich über die Finger.

Sch: machen vor

L: Du darfst jetzt auch ein Künstler sein und bei Ottos Fest mitmachen. Turne an der Station, so lange die Musik spielt. Bei Musikende gehst du an die nächste Station und setzt dich dort leise hin. Verlasse deine Station ordentlich.

Gruppeneinteilung

Üben an den Stationen zur Musik

evtl. Geräteabbau

Abschlussspiel:

L: Zum Schluss hat sich Otto eine tolle Abschlussnummer einfallen lassen, bei der die Künstler die Zuschauer zum Lachen bringen. Otto stellt sich auf einen Kasten. Hebt er das grüne Tuch, laufen die Künstler durcheinander. Hebt er das rote Tuch, bleiben sie auf ganz lustige Weise stehen und schneiden Grimassen.

Sch: laufen zum grünen Tuch

bleiben beim roten Tuch stehen und schneiden Grimassen

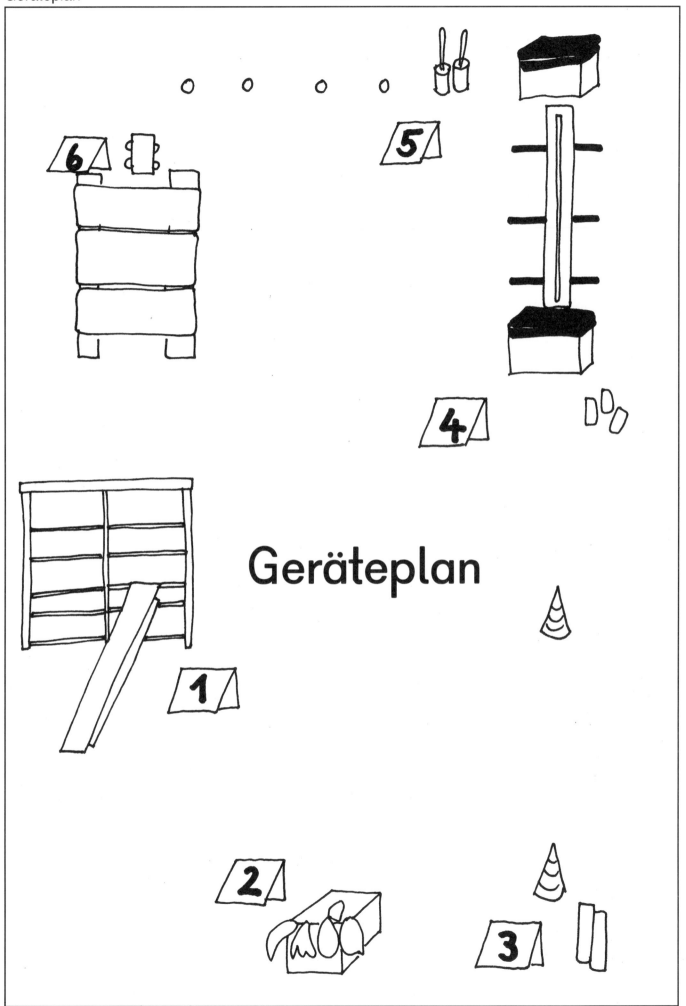

Geräteplan

SACHUNTERRICHT

1./2. JAHRGANGSSTUFE

REICHERT/VOGT

HSU KOMPAKT
1. JAHRGANGSSTUFE BAND I

128 SEITEN, DIN A4
STUNDENBILDER
MIT KOPIERVORLAGEN

BEST.NR.: 270   22,90 €

REICHERT/VOGT

HSU KOMPAKT
1. JAHRGANGSSTUFE BAND II

134 SEITEN, DIN A4
STUNDENBILDER
MIT KOPIERVORLAGEN

BEST.NR.: 271   22,90 €

REICHERT/VOGT

SCHULE,
EINE NEUE GEMEINSCHAFT
1. JAHRGANGSSTUFE

62 SEITEN, DIN A4
STUNDENBILDER MIT
KOPIERVORLAGEN

BEST.NR.: 043   15,90 €

REICHERT/VOGT

HSU KOMPAKT
2. JAHRGANGSSTUFE BAND I

138 SEITEN, DIN A4
STUNDENBILDER
MIT KOPIERVORLAGEN

BEST.NR.: 272   22,90 €

REICHERT/VOGT

HSU KOMPAKT
2. JAHRGANGSSTUFE BAND II

156 SEITEN, DIN A4
STUNDENBILDER
MIT KOPIERVORLAGEN

BEST.NR.: 273   24,90 €

REICHERT/VOGT

LEBENSRAUM HECKE
2. JAHRGANGSSTUFE

57 SEITEN, DIN A4
STUNDENBILDER MIT
KOPIERVORLAGEN

BEST.NR.: 006   14,90 €

REICHERT/VOGT

KOMPETENZORIENTIERTER
SACHUNTERRICHT 1./2. BD.I:
TECHNIK UND KULTUR

74 SEITEN, DIN A4
STUNDENBILDER
MIT KOPIERVORLAGEN

  NEU

BEST.NR.: 128   16,90 €

ALINE KURT

RUND UMS HAUSTIER
HUND UND KATZE
1./2. JAHRGANGSSTUFE

60 SEITEN, DIN A4
KOPIERVORLAGEN

BEST.NR.: 005   14,90 €

REICHERT/VOGT

GESUNDE
ERNÄHRUNG
2. JAHRGANGSSTUFE

64 SEITEN, DIN A4
STUNDENBILDER MIT
KOPIERVORLAGEN

BEST.NR.: 048   15,90 €

M. KELNBERGER

LERNZIELKONTROLLEN
IN BAUSTEINEN 2. KLASSE BD.I
SOZIALER BEREICH

72 SEITEN, DIN A4
KOPIERVORLAGEN

BEST.NR.: 591   16,90 €

M. KELNBERGER

LERNZIELKONTROLLEN
IN BAUSTEINEN 2. KLASSE BD.II
NATURKUNDLICHER BEREICH

102 SEITEN, DIN A4
KOPIERVORLAGEN

BEST.NR.: 636   19,90 €

CHRISTINE SIKASA

DIE KLEINE
RÄTSELKISTE ZUM
SACHUNTERRICHT 1./2. KLASSE

28 SEITEN, DIN A4
KOPIERVORLAGEN

BEST.NR.: 007   8,90 €

ELFI SCHAUNER

VERKEHRSERZIEHUNG
1./2. JAHRGANGSSTUFE

56 SEITEN, DIN A4
KOPIERVORLAGEN

BEST.NR.: 151   14,90 €

ELFRIEDE STIEREN

KOPIERHEFT HSU
2. JAHRGANGSSTUFE

46 SEITEN, DIN A4
KOPIERVORLAGEN

BEST.NR.: 995   12,90 €

CORINNA BEIERLEIN

KLANGGESCHICHTEN
ZUM SACHUNTERRICHT
1./2. JAHRGANGSSTUFE

31 SEITEN, DIN A4
KOPIERVORLAGEN

BEST.NR.: 017   9,90 €